TopBook
饕书客

一个人，遇见一本书

中国的魏晋

押沙龙 著

TopBook
鉴书客

陕西新华出版传媒集团 陕西人民出版社

图书在版编目（CIP）数据

中国的魏晋 / 押沙龙著. —西安 ：陕西人民出版社，2018

ISBN 978 - 7 - 224 - 12788 - 1

Ⅰ. ①中… Ⅱ. ①押… Ⅲ. ①中国历史—魏晋南北朝时代—通俗读物 Ⅳ. ①K235.09

中国版本图书馆 CIP 数据核字（2018）第 123409 号

出 品 人：惠西平

总 策 划：宋亚萍

出版统筹：关 宁

策划编辑：韩 琳 张启阳

责任编辑：王 倩 王 凌

整体设计：哲 峰

地图绘制：王晓明

中国的魏晋

作　　者 押沙龙

出版发行 陕西新华出版传媒集团 陕西人民出版社

（西安北大街 147 号 邮编：710003）

印　　刷 西安建明工贸有限责任公司

开　　本 787mm × 1092mm 32 开 8.125 印张

字　　数 180 千字

版　　次 2018 年 11 月第 1 版 2018 年 11 月第 1 次印刷

书　　号 ISBN 978 - 7 - 224 - 12788 - 1

定　　价 39.80 元

自序

在中国历史上，魏晋时代是个怪异的年代。从秦汉帝国的建立，一直到鸦片战争，中国历史就像一出气势宏大的戏剧，按照自己的逻辑一幕又一幕地演出。舞台上的人物纷纭变化，但骨子里的底色依旧一脉相承。比如你把明朝的一个人物忽然揪到汉朝，似乎也没有太大的不妥。他们适应适应水土，就能接着说自己该说的台词，不会把这个角色搞砸。但是，要是把他们揪到晋朝，他们可能就会哑巴了，一定会产生严重的“与时代脱节”的自卑心理。

17、18 世纪的欧洲小说，往往会在主要情节里忽然穿插进去一个不相干的故事。比方塞万提斯在《堂吉诃德》里，正好端端地讲着武侠迷发疯的事，忽然莫名其妙地穿插了一个小故事，讲两口子之间如何变得不忠诚。如果把中国历史看成一部堂吉诃德发疯史，那么，魏晋时代就像这个不相干的红杏出墙小故事，初看起来好像与主题并无关联。

在这个时代里，“君君臣臣”的一套老剧本似乎宣告无效。君权无法控制地方的运作，帝国的权力被粉碎又被整合，最后慢慢落到了一个个大家族的手中。两千年来，中国从没有像此刻那样类似于一个贵族国家。“修身治国”那一套主旋律似乎也销声匿迹。手拿老庄，嘴里嚼着毒品的士人开始放弃那些宏大主题，回归到自我的深处。

确实，我们完全可以想象：一个汉朝的士人，坐着时光穿梭机来到魏晋年代，那他一定会感到这个世界是太过奇异。他也许会感慨地说：“江湖，已经不是我们的江湖。”而当他回到穿梭机，再按个“前进”键，他会来到唐宋帝国，甚至明帝国。此时，他的惊异会大大减小。他会感慨儒家学说和集权帝国终究是世界的真理。虽然有过莫名的挫折，但终究会再放光彩。

当然，这也许只是假象。

魏晋所走过的那条坎坷道路，依旧是中国大历史的一部分。它根植于中国历史的深处，并且影响着以后的时代。它像是中国朝另一个发展方向努力的历史。这就像一个巨大的试验，一旦成功，有可能将中国引入另一条轨道。走兽似乎要变成飞禽。

但是这一切最终并未出现。

秦汉帝国被历史学家称为第一帝国，隋文帝和李渊建立的隋唐帝国，则被称为第二帝国。中国历史到了第二帝国，重新又回到了以往的道路。魏晋年代那个浩大的试验宣告失败。这次试验的失败对中国历史是决定性的。

魏晋时代的中国，就像被历史放到了炼丹炉中做了一次煅烧。在火焰的烧灼下，它在进行痛苦的蜕变。试验结束后，它也许会凝结成一个璀璨的结晶，也许会融合成一粒致命的毒丸。但是，在不可逆转的变化出现以前，火渐渐熄灭了。

试验失败了。

这本书就是源于我对这次试验的惊奇感。

李商隐有一首诗，叫作《乱石》：

虎踞龙蹲纵复横，星光渐减雨痕生。

不须并碍东西路，哭杀厨头阮步兵。

这里讲的是魏晋名士阮籍的故事。阮籍在做步兵校尉的时候，经常驾车出游，不循道路，随意东西。到了再也无路可走的时候，阮籍就下车，对着乱石野草痛哭失声，然后驾车返回。这一时刻，阮籍的心中到底在想些什么？他为了什么而痛哭？这一切已经不可索解。当然我们可以说阮籍想的是奸臣倒行逆施，外汇储备濒临枯竭，国民经济行将崩溃，所以伤心流泪。但我们也可以做别的解释。

人的心灵、人的行为如此复杂。依靠史书，我们已经无法还原这些微妙的事物，正如我们无法理解阮籍的痛哭。

这让我想起了一句话："理论是灰色的，而生命之树长青。"也许我们也可以这么说：历史是灰色的，而生命之树长青。

历史是灰色的，而我们编写的很多历史书则努力让它变得更加灰色。

打开一本历史教科书，里面记载最多的往往是"张大帅打了李大帅，王大帅又打了张大帅，最后他们都被赵大帅捉了去"。如果你不喜欢看打仗的故事，那么你也可以读到"生产力大大发展……生产力进一步发展……"但赵大帅的故事和不断发展的生产力，并不能让我们明白那个时代是怎么回事，有时候可能更糊涂了。

历史终究是人的历史。人有各种利益盘算，有各种欲望追求，更有各种胡思奇想。这些东西可能比赵大帅的故事更重要，也比泛泛而谈的"生产力"更加容易琢磨。

很多史书把这些都变成一个个空洞的文字符号。它们给我们呈现出的古人形象，往往像皮影人一样单薄。他们似乎是和“我们”不一样的生物。但实际上，魏晋时代的人和我们一样，有同样的小算盘，有同样的小苦恼。正如所有的时代一样，他们也有一个属于自己的天地。这个外部环境限定了什么是他们做得到的，什么是做不到的。在这个天地之内，他们会有各种充满人性的表现。他们也会为衣食发愁，为买不起房子发牢骚。他们嗑了药以后也会撒疯，喝了酒以后也会胡闹。这些有血有肉的人，才是历史的主体。他们把自己的印记打到了时代的上面，给了它鲜活的力量。

这本书不是一个按部就班的王朝史，也不是那种历史教科书，分门别类地罗列经济、政治、科技、文化。这本书写的是我眼里的时代，以及生活在那个时代里的人。

我所能看到的，是一个个有着梦想和遭受挫败的个体，就像生活在我周围的人一样。

那些人像尘土一样寂寂消失在大地上。那些人像野草一样疯狂生长在我的心间。那些复活的历史鬼魂，似乎像我周围的人一样清晰可见。对他们，就像对我同时代的人一样，我有一个始终存在的好奇心：是什么样的外部牢笼困住了他们，是什么样的利益盘算在驱动他们，又是什么样的奇思异想在刺激他们？这就是本书所要讲述的内容。

中国的历史绕不开政治。政治上站错一次队，就可能全家老小遭殃，怎么可能绕得开呢？而魏晋的政治又是中国政治史中最奇特的一段。

秦汉的大一统帝国倾覆了。显赫的皇权慢慢褪色，真正掌握权力的是几百个大家族。这些家族依靠手中的庄园、部曲，更依靠官员的变相世袭制度，成为王朝的真正主人。帝国不过是一个松散的贵族联盟体。但是，这些士族不能长期停留在巅峰地位。士族子弟中，虽然也出现了一些非常优秀的实干家，但总体来说，他们很快成了一群渎职的官员、无能的将领、碎嘴的清谈家。他们精心策划了一个体制。在这个体制里面，他们无人能敌。但是没有天敌的动物，是很难长期保持体能的。这些士族变得越来越无能，权力也就不可避免地渐渐滑出他们的手心。没有心思阅读公文的人处理不了政务，跨不上一匹战马的人指挥不了战斗，这是很简单的一个道理。这些士族渐渐被排挤到了政治边缘。他们的光辉岁月一去不返。中国进入了官僚时代。

士族的兴盛与衰落是中国历史上非常重要的一个环节。《光有名士风流是不够的》一章描述了他们变化的轨迹，并且把这段历史放到更大的视野之中，和西方做了一些比较。

当然，士族建立自己统治的过程也不是那么容易。回溯士族权力建立的过程，就会发现，其中的一个关键点发生在东晋初年。东晋的开国皇帝曾经和士族做过一次生死决斗，最终以失败告终。《青龙与白虎的决斗》一章描写了这次至关重要的战斗。

皇帝纠集力量，发动武装，组建自己的小内阁，热心地阅读《韩非子》。但是无论是那个内阁，还是那本《韩非子》，都没能让皇帝获胜。皇帝自然可以窝在皇宫里，欺负欺负身边的一些士族首脑。皇帝也可以下达诏令，给那些士族敲敲警钟。但是等长江上游的军队呼啸而来的时候，皇帝才发现事情不像书上写的那么好操作。首都的要塞被出卖，皇帝被周围的人所抛弃，只好束手待毙。不久，东晋的这位开国皇帝在深宫被害死。决斗以皇权的失败而告终。自此之后，晋朝的皇帝再也没能向士族发起像样的挑战。

但是，除了这些政治上的麻烦事情以外，晋朝政府还要对付更危险的战争。北方的异族政权一直筹划吞并东晋。为此，他们曾做过一次最大规模的努力。这次努力在淝水岸边宣告破产，而且后果很严重——一个强大的氐人帝国彻底瓦解。淝水之战是历史上非常宏大而荒诞的一次战争。许多历史学家对此有过描述，但往往宏观过头，很少有人从具体物质角度去思考：这样的一场战争到底是如何操作的？军队是如何征集的？粮食是如何运输的？士兵是如何作战的？

这场战争其实是一次崩溃而不是一场战斗。历史上，莫名其妙的战场崩溃常有发生。往往还没有作战，大家就忽然发声喊，跑个精光。更有甚者，晚上睡觉的时候有人做个噩梦，喊了一嗓子，然后整个军营忽然就开始大逃亡，谁敢阻挡，通通踩死。士兵们对战争有何感受，他们能否克服自己的恐惧，对战争结局至关重要。这一点在传统史书中往往很少加以考虑。

《一场奔跑摧毁了一个帝国》一章从一个新的角度来思考古代战争。古代大规模战争要面临现代人难以想象的困难，正是这些困难导致了淝水之战的荒诞结局。

无论是战争年代还是和平年代，人们的胡思乱想从来没有停止过。他们就像现代人一样，容易接受各种荒唐的说法。比如，他们沉迷于性爱，同时又指望从纵欲里得到些好处，滋补滋补身体。他们指望自己能长生不死，为此不惜吞服大量毒物，直到被活活毒死，还认为自己是在羽化成仙。这些愚蠢的念头一方面是由于人性本身的弱点。大家都喜欢听各种夸大其词的好话，随时都仰着脖子往天上瞅，指望有馅饼掉下来。另一方面，这也是因为当时的知识水平太低，无力从逻辑上看出鬼话与实话的区别。

魏晋时代是一个放纵恣睢的年代。五石散这样的毒品风靡天下，酗酒蔚然成风，性 Party 更在贵族子弟中流行。伦理和准则不再重要，没有什么是不可以做的。只要能满足他们各式各样、彼此矛盾的欲望，他们就趋之若鹜。

《要享受性爱，也要追寻长生》一章叙述了魏晋士人的一些风尚：毒品、炼丹、性错乱等等。这一章可以看作一个魏晋年代疯狂与愚昧行为的汇编。人性是如此的复杂，我们在看到魏晋士人风雅倜傥的时候，也要看到这黑暗的另一半。也许它们本是一体。

宗教在魏晋史上也占有重要地位。在东晋，曾经爆发过一次大规模的天师道宗教叛乱。天师道有漫长的历史、复杂的组织，更有许多诡秘的宗教仪式。比如，他们有一种神秘的“过渡仪”，在这个仪式上，男女信徒彼此性交，借此成为神圣的选民。此外，天师道还有精心组织的忏悔和狂欢仪式。这些民间活动激发了信徒狂热的崇拜。日常生活在宗教狂欢中似乎被颠覆。这种颠覆到真正的反叛只有一步之遥。这关键性的一步最终迈了出去。一次血腥的大叛乱爆发了。

《当阴暗的火焰熊熊燃烧》一章描述了这次大叛乱的起源、过程和结局。这是一次梦想破灭的过程。在这次叛乱中，天师道信徒们表现出了极度的野蛮，对生活的怨恨使他们充满了破坏精神。官员被杀死，他们的家属被迫吞下他们的肉酱。房屋被焚毁，水井被填塞。信徒们急于赶往心中的圣地——会稽。为了尽快赶路，那些母亲居然将自己的婴孩投入井中。而镇压叛乱的官军表现得也同样残酷好杀。富庶的浙江在叛乱过后变得满目疮痍。

被灾难压倒的信徒变得伤心绝望。他们从狂欢笔直地走向毁灭，而这一切也许并不新鲜。

当我们的目光盯着这些灾难与疯狂的时候，不要忘了一件事：更重要的事件发生在日常生活里。如果我们去询问一个晋朝的普通人，他最关心的事情是什么？他的回答多半跟日常生活有关：为什么吃的喝的都这么贵？为什么自己工资这么低？出门为什么这么难？

正是人们的日常生活构成了历史的最重要部分。千千万万普通人的烦恼和喜悦汇总起来，往往决定了历史的走向。但是日常生活恰恰是最容易被忽略的。我们很容易知道某一次战争的前因后果，但却不大知道农民吃什么，喝什么。

不了解生活的物质结构，就会导致很多误解。比如很多人一说起晋朝人的奢侈，就拿何曾举例。他一顿饭据说要花掉 1 万钱。但是谴责完了，我们往往不知道 1 万钱到底是什么概念。这种谴责也就只能是闭着眼睛谴责。

《如何过日子是一个更重要的问题》一章介绍了晋朝人的衣食住行的状况。晋朝人吃什么，喝什么，出门怎么走，住什么样的房子，当时的物价水平是怎么样的，等等，都是本章所涉及的内容。

谈到生活方式，就有一个环节不能回避，那就是爱情。《让我用冰冷的身体来拥抱你》一章就是关于魏晋时期的爱情生活的。随着传统伦理的衰落，爱情也开始拖着氧气瓶浮出水面。荀粲在冬天站在院子里，冻凉了自己的身体，给发烧的妻子降温。 少女从父亲那里偷来奇香装点自己的情郎。这些美好的爱情使魏晋时代折射出璀璨的光芒。

当时更是同性恋炽盛的时代。讴歌娈童和俊男的诗篇俯拾皆是。从没有哪个时代，像魏晋一样重视美丽的容貌、优雅的举止。美丽的男子成为时代的偶像。同性之间的爱情可以像异性爱一样，有着坚贞的情感和温柔的享受。

但是，权力可以腐蚀这一切。

慕容冲在魏晋同性恋史上占有一个显著的地位。他和他的姐姐一起，被胜利者占为己有。这位俊美青年的心中，没有恋情，只有被占有后的仇恨。时机到来后，他向昔日的性伴侣进行了报复。但是他的成功只有短短的一瞬，接踵而来的就是死亡。这是被权力所玷污的性爱，它所激发的，不是恋情，只是仇恨。

死亡的阴影也无处不在。魏晋是一个充满了刀光剑影的乱世。

在那里，有死别生离的人生悲剧，也有被命运捉弄的末世英雄。如果我们忽略那些传奇人生，就无法窥见那段历史的原貌。

我不能让这本书记录下所有生死间的翻云覆雨，我所能做的，是辑录了几个帝国的倾覆瞬间：国王坐在马上要沦陷的宫殿里，敌人的吼叫清晰可闻。王座就要坍塌，王国就要荒废。这是让人震撼的时刻。

一个从乞丐到王子，又从帝王到死囚的传奇；一个群敌窥伺下万里远征的壮丽史诗；还有那些转瞬解体的外族王朝……这就是《那些死去的王者，那些废弃的帝国》里记述的古老故事。

这是一个悲剧的英雄谱。

现在，就让我们一同进入那段诡异的岁月。

目录

第一章

光有名士风流是不够的

——士族的兴衰

晋朝是一个等级分明的社会。中国从来都有等级制，但自从秦始皇之后，还从没有任何一个时代像魏晋南北朝那样，等级制能如此僵硬，如此鲜明。说起来，晋朝的等级制划分很明确：士族和庶族。两者之间有难以逾越的鸿沟。在政治上、经济上、社会地位上，士族都占据了绝对主导地位。东晋尤其是士族鼎盛的时代，士族牢牢把持了对国家的统治，这是中国历史上寡头制色彩最重的一个王朝。

一、 怎么选拔官员

在中国，最宝贵的东西不是财富，而是权力。任你再有钱，家里有乌鸦飞不过的良田，官府一道公文，你就什么都没有了，说抄家就抄家，说批斗就批斗。不要说皇上了，连个芝麻大的县官，都能被称为“灭门县令”，顾盼生威，乡下财主见了他就忍不住捯气儿。

如何分配政治权力，如何委任官员，就是朝廷的头等大事。中国在这个问题上有过很复杂的变迁。如果我们把历史追溯到周朝，就会发现那个时候的社会和秦汉以后的王朝完全不同，在制度层面上，反倒更像《冰与火之歌》里的七大王国。它是一个封建制的贵族国家。这里所说的“封建制”不是我们中学课本上的封建制，而是“封国土、建诸侯”的制度。那时的社会是一个金字塔式的等级社会，而不是后来君权至上的扁平化社会。

孟子对这个社会有过一个理想化的描述：“天子一位，公一位，侯一位，伯一位，子男同一位，凡五等也。君一位，卿一位，大夫一位，上士一位，中士一位，下士一位，凡六等。”从这段话里我们可以看出来，天子也好，诸侯也好，虽然是君主，但他们和卿、大夫相去并不绝远，只是在等级上高了一点点而已。明清的皇帝对大臣有生杀予夺之权，可以随意处置，但在周朝那是完全不可思议的事情。

既然大家地位并没有本质区别，天子能世袭，诸侯能世袭，我们卿为什么就不能世袭？大夫为什么就不能世袭呢？因此，在西周主要采取世官制，这个制度到了春秋时期虽然开始有所松动，但依旧占据主流位置。

这种制度在春秋中期开始崩塌。这一方面是由于随着周朝的衰落，各个诸侯国各自为政，静态社会变成动态社会，所有的政治实体都面临巨大压力。旧瓶子装不下新酒，诸侯国要追求军事和行政的效率，内部也必须重新切割权力格局。最终的结果是权力越来越集中。另一方面则是由于民间私学的兴起，知识分子呈现爆炸式增长。一下子，官员储备极大丰富。而且这些知识分子本身也渴望做官，学了一肚子当君子的学问，怎肯老实待在家里浇粪种地？孔子之所以有这么大的号召力，很大程度上就是因为他“学而优则仕”的理论，给不甘心在家种地的知识分子提供了一条现实出路。

到了汉朝建立，中国进入了很长的统一期。帝国需要一个稳定的选官制度。这个制度不仅要考虑到选拔人才的效率，还必须兼顾到政治上的平衡。但是可供它选择的办法很少。它本能地选择了世官制的替代方案，那就是推荐的方法。这种方法的核心是察举制。

所谓察举，是指让官员们进行考察后，向朝廷举荐人才。比如在东汉，地方长官每年都要向中央推荐“孝廉”，每 20 万人口分配一个孝廉指标，全国一年能出200多个孝廉。这个制度听上去跟科举制有点像，但是当孝廉不是靠考试，而是靠推荐，就是现在升学里所谓的“推优”。

那优到底怎么推呢？当然按照规定也有个标准，这就是所谓的“四科”。孝廉至少应该满足下面的四个条件之一：德行高妙（孝悌）、学通行修（经学）、明晓法令（文吏）、刚毅多略（能从政）。话是这么说，但到底怎么才算德行高妙，怎么才算刚毅多略？这就凭长官的自由心证了。

这种推优产生了两个结果。

第一个结果是地方大族力量的上升。他们一代又一代向朝廷输送官员，获得权势，然后这种权势又进一步转化为在家乡的影响力，以确保他们的下一代继续被“察举”。这样一来，他们在当地的力量像滚雪球一样越来越大。于是，汉朝出现了权力的地方化。这种权力在关键时期甚至可以转化成军事力量。我们读《三国演义》的时候经常会发现，那些官员回到老家，动不动就能组织起成千上万的地方军队，这就和这种权力地方化有关。

第二个结果就是掀起了打造个人声望的热潮。

在科举制度下，你能不能当官主要看考试成绩，舆论环境对你影响不大。周围的人要是都夸你，当然那感觉也不错，但毕竟不能直接拿来换好处。可是在汉朝，别人夸你“德行高妙”“学通行修”，你就能直接当官。那不用想，你肯定天天琢磨着怎么让别人夸你。这个风潮一旦形成就不可收拾。大家都夸奖的人，就成了大名士，然后这些大名士夸奖你，你也能跟着成为小名士。而名声本身又是做官的渠道。这样就形成一条牢不可破的利益链。于是，中国历史上第一次爆炸性地涌现出“名士”，用现在的话说，就是大V。这些人极其显赫，有的名士回老家，送行的车就有好几千辆。有的名士去世，送葬的有六七千人之多。翻翻《后汉书》，到处都是这些名士的光辉事迹。

除了名士，孝子也雨后春笋一般大量涌现。既然察举“孝廉”，顾名思义，孝子肯定是会占便宜的，所以大家行起孝来格外起劲。郭巨也开始埋儿了，黄香也开始扇枕了。当然也有造假的孝子，就像安乐的赵宣。人家守孝都是3年，他守孝20多年，就住到坟旁的墓道里。然后在墓道里咣咣生孩子。领导本来要“察举”他，后来发现他在墓道里生了五个孩子，勃然大怒：“你在父母坟旁干了些什么勾当!”反而把他治了个“诳时惑众，诬污鬼神”的罪。

从皇上的角度看，这也是个头疼的事情，选官选出来一堆豪族和名士，给朝廷添乱。但是除此之外，一时也没有更好的办法，只能改善一些细节。比如汉顺帝时期，就搞了一个“阳嘉改革”。地方送上来的孝廉，朝廷不直接任命，还要出题考一考，“诸生试家法，文吏课笺奏”，勉强算是有点科举制的影子。但是这个改革影响很小，无法撼动整个社会风气。

不过即便是这样，帝国的权力分配还是比较平衡的，豪族并没有垄断官职，更没有产生出一个把持一切的小圈子。皇权还是有效地扼杀了官职世袭的倾向。有上进心的民间寒士，只要能打造名声，或者肯扇枕埋儿，还是可以顺利进入仕途。翻看整个汉朝的历史，大量的官员都是普通人家出身。皇上对这种情况基本还是满意的。

但是到了魏晋时期，情况出现了一个很大的变化。这个变化跟九品中正制有关。

二、 九品中正制

九品中正制起始于曹魏，定型于晋朝。这个制度导致了门阀的兴起。但是在开始的时候，中央政府制定这个制度并不是为了培养门阀，它的本意是要把察举的权力从地方官收到中央。门阀兴起是一个计划外后果。

九品中正制不像以前选孝廉，搞什么“德行高妙”之类的标准了。它用了另一种方法，就像老师给学生打分一样，把候选人分为九品，不同品第的人有资格出任不同级别的官员。九品这个想法来源于班固的《古今人物表》。班固在该表里把古今人物从上上到下下做了一个排列：

（一）上上圣人类：伏羲、神农、黄帝、唐尧、周公、孔子等。

（二）上中仁人类：女娲、比干、孟子等。

（三）上下智人类：鲍叔牙、百里奚、子贡、范蠡等。

（四）中上类：愚公、老子、伍子胥、勾践、商鞅等。

（五）中中类：齐桓公、扁鹊、孙子、吕不韦、荆轲等。

（六）中下类：吴起、苏秦、张仪、秦始皇等。

（七）下上类：易牙、庞涓等。

（八）下中类：夏桀、末喜、秦二世等

（九）下下愚类：蚩尤、共工、后羿、商纣、妲己等。

对班固这个排列大家可能会有不同意见，比如我就不能理解愚公怎么就排到孙子前面了？但这个无关紧要。关键在于它树立了一个阶梯次序。

这个制度规定，各州都设立大中正，各郡则设立小中正。这些中正官基本都是中央官员兼任的。这些官员一般原籍在哪里，就担任哪里的中正官。这个规定也是有道理的。你在中央当官，如果原籍又不是那里，你怎么能了解足够的信息呢？中正官按照九个品第给候选人打分，将结果申报司徒（宰相），最后由中央按照品第高下任官。

所以，朝廷的初衷是把权力收回去，中央直接从地方选拔官员，中央和地方打成一片。但谁能料到打成一片的结果不是中央控制了地方，而是地方反攻倒算，架空了中央。

这是因为九品中正制和汉代察举制有两个微妙的不同。

首先这个品评的权力被集中在“州中正”的手里，而被品评的地方又是他的原籍。其实地方官员经常更换，和当地的利益纠葛也没那么深，只要你会打造个人品牌，他就有可能推荐你。可是把这个权力交给土生土长的“中正”，他会给一个不认不识的小萝卜头打高分么？一边是自己的亲戚或者世交，一边是小萝卜头，你会把高分打给谁呢？

因此，九品中正制宣告了草根大V们黄金时代的终结。只要会造势、会打造个人品牌，汉代屌丝还经常能逆袭，但是在晋朝，这个途径就被关闭了。你守孝30年又如何？大V夸你又如何？州中正就是不买你的账，就是给你个七品八品，你能怎么样？我就是要把二品给我亲戚，你又能怎么样？

如果你刚正不阿，做中正的时候不选拔士族大姓的后人，那等你下台了，人家又凭什么选你的儿子？给你儿子评个未入流，他就只能在弼马温的官职上消磨一生了。所以，你当然会积极选拔大姓名门，广种薄收，以后也好有个结果。

在汉代的察举制下，一个山西籍贯的郡守推荐四川的孝廉，他未必能从中看到什么回报。但是在九品中正制下，一个山东琅邪籍贯的“中正”品评一个琅邪的士人，这个利益刺激就太强烈了。

一开始的时候，大家还打出招牌说“要考核德才兼备的干部”，但是随着时间的流逝，连这个幌子都没了，直接按照门第打分，最终造成了“上品无寒门，下品无士族”的局面。更重要的是，这个做法最终突破了潜规则的范畴，成为正式的人事制度。从皇帝到寒族，都承认它的合法性，没人认为这是舞弊。不这么干的人，反而像是违反了天理人伦，在官场上混不下去。

第二个区别是九品中正制有级别之分。在汉代，你是孝廉，我也是孝廉，大家进入仕途的时候是平等的。但是九品中正制给入仕官员划分了严格的等级。“人品”不同，上升空间的天花板也不同，这就逐渐在官场里产生了“清流”与“浊流”之分。

九品中正制说是九品，其实是八品。因为第一品据说实在是太高级了，只有孔子这样的圣人才配得上，所以被虚位以待，品评从第二品品起。而且也只有第二品值钱。第二品被称为“灼然”“上品”，由士族子弟垄断。二品以下直到九品的都是“下品”。而这个“人品”和官品是挂钩的。一般来说人品与官品大约相差四品。也就是说，如果被评议为二品，那么你担任的起始官职大约是六品官，起点就比别人高得多。

这两个因素综合起来，就产生了一个始料未及的局面，那就是官场上出现了一批贵族化的世袭寡头。

“人品”不同的官员，不但起点不同，在仕途上处境也大不一样。

明清时期，实行科举制度，考出来的官叫进士官，考不中花钱捐的官叫“科贡官”。这两种官，待遇大不一样，科贡官见了进士官处处低一头。《警世通言》里一个老秀才鲜于同就誓死不做科贡官，一定要考。他的理由是：“做官里头还有多少不平处，进士官就是个铜打铁铸的，撒漫做去，没人敢说他不字；科贡官，兢兢业业，捧了卵子过桥，上司还要寻趁他。比及按院复命，参论的但是进士官，凭你叙得极贪极酷，公道看来，拿问也还透头，说到结末，生怕断绝了贪酷种子，道：‘此一臣者，官箴虽玷，但或念初任，或念年青，尚可望其自新，策其末路，姑照浮躁或不及例降调。’不勾几年工夫，依旧做起。倘拼得些银子央要道挽回，不过对调个地方，全然没事。科贡的官一分不是，就当做十分；悔气遇着别人有势有力，没处下手，随你清廉贤宰，少不得借重他替进士顶缸。有这许多不平处，所以不中进士，再做不得官。”

寒门出身的官员就有科贡官的苦恼，“捧了卵子过桥，上司还要寻趁他”。按照《通典》作者杜佑的说法：“衣冠士族和寒门百姓之间好有一比，就像大树和杂草一样。如果杀了一个士族，就算不冤枉，那也好比砍掉了一株秀美的树木，看了让人打心眼里难过。要是杀一个庶族，就算是杀错了，又能算得了什么事呢？就好比砍掉了一根杂草罢了。大家看了庶族被冤杀，就算不喜笑颜开，也不会为他们悲叹的。这样不杀士族只杀庶族，不是很好么？”捧着卵子过桥的人，看来也并不安全，很可能成为替大树顶缸的杂草，被领导诛杀。

不过寒门并不是最糟糕的。能被中正官品一品的人还算是有福气的。更多的平头百姓是没资格被“品”的，这些杂草就被称为“吏门”。他们如果想报效朝廷，唯一的出路就是当小吏。那时的小吏地位和被“品”人士相比，也是隔如霄壤。官员们上厕所，还可以指派小吏在茅厕里给他们举油灯。现在即使比较丧心病狂的领导，也很难提出让手下在茅房里给他们打手电筒的要求，这当然也说明时代进步了。

三、 看我安贫乐道

政治特权自然能带来经济上的好处。这些士族大多拥有庞大的产业。魏晋时代，贸易相对落后，很少有商人能够积累大量财富的。司马迁在《货殖列传》里记载了许多古代富商巨贾，但在魏晋，这样依靠贸易或者工业积累巨额财产的，相当稀少。当时财富的象征是土地、庄园和奴客。士族依仗特权世代积累，控制了社会的财富命脉。

这些士族的土地，都不按亩来论，一说都是多少多少顷，更过分的还有按里来论的，说家里有多少多少里地。比如江南豪族孔家在永兴修建了一个庄园，周回 30 里。庄园内居然有两座山，还有果园 9 处。

谢灵运也曾撰写过一篇《山居赋》，描写自己的大庄园。他说自己的庄园披山带水，里面简直无所不有。庄园里有各种草药竹树，植物非常齐全。他列举了里面的 16 种水草，基本我都不认识。动物也不少。他罗列了庄园出产的 16 种鱼类，其中大半我也不认识。而且奇的是里面还有各种山禽野兽。按照他的说法，他的庄园里甚至还出产“熊罴豺虎”。

但他的庄园并不是一个野生动植物乐园，里面更多的还是农田果园。他在华丽的文章里没有用农田的顷数来烦扰读者，但据他说，仅仅是果园，庄园里就有五个之多，“北山二园，南山三苑”。这样的庄园关起门，除了盐，估计什么都不缺。因为我没有在文章里发现有盐井的记载。

拥有这样一个庞大的庄园，谢灵运却谦虚地表示，自己自奉甚薄，安贫乐道，所以守着这个小产业，也能知足度日。他用自己的生活来训诫读者说：“生何待于多资，理取足于满腹。”只要少私寡欲，就是像自己这样俭朴的生活，也能过得很快乐，何必贪慕富贵呢？我不知道别人是否被谢灵运这等有天良的话所感动，幡然醒悟，以艰苦朴素为生命之本。反正我是没有。

从上面我们能发现，这些士族豪强的庄园往往囊括山湖。东晋但凡有点效益的山川湖泊，几乎尽数被士族豪强霸占。这些地方本来是无主之物，大家都可以去砍柴捕鱼，可是不知怎的，忽然就变成这些士族的私产了。大家以后再去砍柴打鱼，都得交税给他们了。看上去似乎实在没什么道理，但让那些士族自己说，他们也许会说出一套理论来，解释说“大锅饭”要不得，产权改革刻不容缓，把山川湖泊变成私产是为了更好的资源整合。可惜晋朝还没有职业经济学家，否则说得还可以更动听些。

光有土地还是不够的，还得有人干活。晋朝士族庄园里都有成百上千的依附者。这些人名号繁杂，有“奴”“客”“荫户”“部曲”等等。但不管叫什么，他们都是豪强的依附者。他们不用向政府交税，也不用服徭役、服兵役，但是得向主人交租子服劳役。这些人交的租子往往非常重，有的甚至能占全部收获的七成以上。这些奴客不仅种地，有的还要替主人盖房子、养花种树，有的甚至还要跑码头做生意，赚的利润统统上缴。

这些人被免除了对政府的义务，却多了对某个主人的义务。关于这些奴客的生活记录很少，我们已经很难推测出这些奴客的生活水平比起自由农民来，到底是高些还是低些。我们也不知道，这些奴客有多少是自愿投靠豪强的，又有多少是由于走投无路才出此下策的。

我们知道的是：这些人从政府的税收网络中消失了。这些依附者的数量极为庞大。有人认为：魏晋时代依附民数量和政府控制的编户数量大致相当。还有人更加悲观，认为政府最多能控制人口的三分之一，剩下的都是豪强的依附者。

按照道理来说，豪强是控制不了这么多依附者的。各个级别的士族能有多少数量的免税依附者，朝廷有明文规定。但问题是这个规定根本执行不下去。这些士族硬是占了这么多不用缴税的依附者。

政府里头都是这些士族豪强，他们当然不着急核查。但是有人着急，比如皇帝。对于皇帝来说，这些士族豪强好比是一群土匪，把属于自己的东西硬是占为己有。皇帝当然可以下诏令，说大家从今往后，不许这么干了。但是怎么把这个诏令推行下去，是个很大的问题。两晋历史上，确实颁布过不少这样的诏令，有的时候也做过巨大的努力，但是却没能够真正奏效。高级政治职务都被士族把持，皇帝要通过士族推行反士族的政策，其中的困难显而易见。所以自始至终，政府都至多是半个帝国的政府。那迷失的另外半个帝国，就是那些豪门的庄园。

这看上去似乎是士族大姓的全面胜利，好像中国又回到了战国以前的贵族时代。但其实两者的情形并不相同。在封建贵族社会里，贵族拥有明确的特权，同时对上级和下级也都具有明确的义务。而对于士族来说，一切特权、一切好处，都像是从这个社会系统里临时窃取来的，因此也没有产生相应的义务。相对于贵族，士族被免除了责任感。而责任感一旦不存在，荣誉感也就变成了单纯的傲慢。

如果我们拿西方中世纪的贵族体制和晋朝士族统治做比较，更能发现士族的弱点所在。

西方的贵族把他们的力量建立在地方的基础之上，他们的城堡、庄园是他们力量的源泉，是否在国王的宫廷里任职，对他们并不那么重要；但是晋代的士族，则在朝廷垄断高级职位，以此为他们世代冠冕的保障。西方的贵族背朝着国王，眼睛注视着自己的土地；而东方的士族则背对着自己的土地，眼睛注视着皇帝的宫廷。西方的贵族成了盘踞在自己的土地上的、杀不死的九头鸟；而东方的士族没有办法把命运寄托在地方性权力之上，他们向皇帝的宫廷蜂拥而去。

他们之所以能拥有广阔的庄园，能控制山川湖泊，是因为他们在朝廷中的政治特权。这样他们虽然能够控制整个帝国，但却是泥足的巨人。随着时局的变化，皇帝可以慢慢控制围拢在他身边的士族，但西方的中世纪帝王却无法控制分散在各个角落、拥有独立权力的贵族。

士族在胜利中酝酿着自己的失败。

四、 如何又是待客之道

士族既然按照门第和血统确定官位，就不得不在文化和婚姻上都保持高度的排他性。

政治上士族和庶族，判若云泥。在社会地位上，也是如此。士族子弟往往除了穷嚼蛆以外并无才能，完全依靠自己的出身混个高级干部。如果他不做出一副神头鬼脸的高级派头，又如何能使寒族肃然起敬？如果他不强调出身的等级差别，又如何能在庶族面前理直气壮呢？如果他和寒族通婚，又如何能标榜自己的高贵血统呢？在此逻辑之下，魏晋南北朝的各个阶层之间，隔阂极大，虽然没有发展到印度种姓制度的程度，但在后人看来，已是匪夷所思。

士族和庶族之间在交往时有严格的区分，其严酷程度，较之种族隔离不遑多让。庶族如果不安分守己，妄自尊大要和士族平等交往，就会遭到迎头痛击。

刘宋时有一个叫张敷的，出身于江南豪门。他和中书舍人秋当、周赳是同僚，在一个部门任职。秋当、周赳却不幸是寒族。秋当邀周赳一起到张敷家做客。周赳本分，说：“恐怕人家不能给咱们好脸子看，不如别去了。”秋当说：“咱们现在和他是同事了，怕些什么？还怕他不跟客人一起坐坐吗？”俩人就互相壮胆，到张家做客去了。张敷倒确实为他们设了两个座位，但怕他们靠脏了自己的墙，就把座位安排得离墙有三四尺远，让他们靠不住。俩客人离墙远远地坐好了以后，张敷忽然召唤左右说：“把我的座位移得离他们俩远点！”秋当、周赳听了以后，只好失魂落魄地告辞而去。

寒门、役门出身的人，在士族子弟看来，都属于“小人”。东晋的刘惔和王濛都出身高门。一次他们俩结伴外出，到了中午也没吃上饭。这时候有一个与他们认识的“小人”特意准备了酒席，菜肴非常丰盛，刘惔却拒绝了。王濛的阶级觉悟没有他高，又熬不住饿，就对刘惔说：“聊以充饥嘛。为什么要拒绝呢?”刘惔大义凛然地说：“孔子曾经说过的：唯女子与小人为难养也。近之则不逊，远之则怨。我们不要跟小人打任何交道。”这些“小人”想巴结都巴结不上。《世说新语》把这个故事记载到《方正》一章里。但我看不出刘惔方正在哪里，能看得出的只有鼻孔朝天的自骄自大。我们看古画里那些两晋雅士宽袍大袖，神态散雅，但他们内心深处却有着最龌龊最势利最不可理喻的傲慢。他们贪婪地攫住利益不撒手，然后又用极度虚伪极度做作的姿态，来掩盖一个事实，那就是他们霸占了原本不该属于他们的东西。

他们不仅把寒族役门当作人渣看待，即便在士族内部，他们也要划分出三六九等。这些士族子弟能找出一切理由做骄傲的资本，任何细微的差别也不放过。比如说，西晋灭亡后，士族们纷纷渡过长江，到南方逃难。那些先到一步的士族就摆出先知先觉的嘴脸，瞧不起后到的士族，一副“先入门一日就是大”的样子。他们成了贵族中的贵族，为此还特地修订百家谱（就是先渡江的一百个士族）以做纪念。那些晚来的士族，就被打入另册，见了他们就得矮三分。百家之中，也要按照父祖的地位再加甄别，发达早的家族就有资格对他人表示蔑视。

唐诗有云：“旧时王谢堂前燕，飞入寻常百姓家。”这里说的王、谢就是晋朝士族的两家魁首。但是就算是这两家，也不是没有级别差异。谢安和谢万曾经路过吴郡（在今江苏），谢万提出去王恬府上拜访。谢安坚决不肯，说："人家一定会给你难堪的。"谢万就一个人去了。王恬等客人刚落座，就忽然起身到后堂去了。谢万看了倒很高兴，觉得王恬一定是去安排家人要好好款待他。过了很久，赫然见到王恬蓬头散发地出来了。原来这家伙跑到后面去洗头。洗完了头，他也不陪客人，自己走到院子那儿晒头发，神态傲慢，根本没有要搭理谢万的意思。谢万只好灰溜溜地回去了。王恬是东晋首任宰相王导的儿子，有人说他性格过于傲慢，才会如此。但究其实际，推动他如此行为乖张的，终究是门第的自豪感。王家显赫在谢家之前，如今谢家的风头虽然迎头赶上，但王恬依旧认为自己比谢家人高贵多了，谢家人想在他面前平起平坐，那还早得很呢。他的逻辑是：我的爹（王导）比你的爹牛，那我当然就比你牛。

谢家尚且如此，其他后起之秀的待遇往往更加不堪。王家一个子弟王胡之在东山时，偶然贫乏。当地县令陶范是晋初有名的大帅陶侃之子。陶侃曾担任荆州刺史，手中握有重兵，是一个半军阀性质的将军。可惜他出身寒族，虽然军兴之际可以侥幸出人头地，但还是被士族瞧不起。一个当兵的！陶范想讨好这位王家人，一出手送了一船米给王胡之。王胡之不要，直接回答说："我要是饿了，到谢家要米也就罢了，哪轮得上这姓陶的奴才送米！"他有权毫不掩饰地侮辱比他出身低下的任何人，他知道舆论还会表扬他的"方正"，他的"风骨"。这样的故事全部搜集起来的话，数量相当惊人。中国的婆罗门们确实用傲慢的火锻造了一个极其丑陋的等级社会。

士族统治的核心是建立在血统论上的等级制。他们的婚姻也被这种等级制操纵。士族与寒门役门之间的通婚，被认为是大逆不道的丑行。寒族之女嫁入高门，多少尚可为人所容忍，而士族妇女嫁给一个寒族男人，其丑恶程度比起人兽交合，已经相去无几。士庶婚姻，都要在门第相当的家族间进行，否则就属于“婚宦失类”，后果相当严重。

南朝时就有一个活生生的例子：有一个叫王源的官员把女儿嫁给了富户满璋之的儿子。王源出身名门，但是到了王源这一代，家产却颇为不足。王源就把女儿嫁掉，得了一笔聘金。王源还拿这笔聘金的一部分娶了一个小妾。他的那个亲家满璋之也不是土财主。他自称是魏晋旧族，而且目前也确实是一个中级官员。新郎官本人也不是白丁，正担当主簿的官职。但是这一下还是惹了祸。

大臣沈约有高度的社会责任感。按理说，人家结婚娶媳妇不干他的事，但他还是仔细做了调查研究，很警惕地发现了其中的不正常现象。沈约考察了满璋之的家谱，认为里面有问题！满璋之并不是一个真正的士族，出身不高级。而王源却是高门华胄，和满家联姻，实在是败坏人伦天理。

沈约用优美的骈体文起草了处理意见：“王源自己降低身份门第，其行为玷污了祖宗，侮辱了亲族，性质恶劣至极。这种歪风邪气不煞住的话，败坏人伦的联姻将比比皆是。对于王源的这种可耻行为，应该旗帜鲜明地予以重惩，把他开除出士族队伍。这样一来，那些已经干了同样勾当的士人，将无比羞愧；那些正在策划干同样勾当的士人，将悬崖勒马。所以，我的处理意见是：把王源就地免职，终身不得再担任领导干部职务。”王源的下场就是这样。

社会和婚姻隔绝的结果使士族能够成为一个排他性的小团体。

他们在内部彼此联姻，时间一长，大家都沾亲带故，成了一个盘根错节的利益集团。动他们中的任何一个，都有可能扯出一大堆人来抗议。他们的心态正如杜佑所言：“如果杀了一个士族，就算不冤枉，那也好比砍掉了一株秀美的树木，看了让人打心眼里难过。要是杀一个庶族，就算是杀错了，又能算得了什么事呢?”

不过这些士族也不能在成功的巅峰永远驻留。随着时间的流逝，他们的利益像沙漏里的沙一样慢慢流出。

罗马将军出征凯旋时，罗马城会为他举行盛大的凯旋仪式。将军在人群的欢呼声中进入罗马城，这时他的身边总有一个身穿白袍的侍从，在他耳边不断低语：“这一切不过是过眼烟云。”

没有人在士族的耳边说过这样的话。

五、 可能我是管马的吧

这些士族把持了高级官职，但他们却有一个先天的大缺陷，那就是他们不能干活。这是很符合逻辑的一个结果：士族子弟养尊处优，不费吹灰之力就能捞个官当，长此以往，如何能有动力去好好干工作？有业务能力的人也不是没有，但作为一个整体，士族官员是完全彻底的不称职。

这些士族子弟热衷的是当名士，而不是当能员。他们习惯于拿个麈尾，摇头晃脑地谈论老庄玄学，而不是坐在办公桌前阅读统计数字。他们没完没了地穷嚼蛆，没完没了地灌酒，却根本不去好好干自己该干的正经事。本来他们愿意酗酒、穷嚼蛆，这也是他们自己的生活方式，对社会并无大碍，但是这些货色霸占了政府高级职位。将政府事务交托给这样的人处理，怎么能让人放心呢？

比如晋朝的名士毕卓。他出身士族，在西晋混了个吏部的郎官干。可是他唯一乐于投身的事业就是喝酒，因为喝酒耽误公事那是常事。他一个邻居酿了酒，他居然晚上跑去偷喝，喝得正高兴，让人家家丁抓了个现行，一绳子捆在那里。到了天亮，一看居然是毕郎官，赶紧把他给放了。他公开宣布自己的人生理想是“右手持酒杯，左手持蟹螯，拍浮酒船中，便足了一生”。这样一个酒鬼怎能干好公务？！可是他的仕途居然没有因此受到影响，在东晋接着当干部，还干上了平南将军温峤的秘书长。

许多士族名流并非庸才。不少人家学渊源，文化水准相当高。但他们更适合混沙龙、搞艺术，而不是去议事厅开会。比如王徽之，是书圣王羲之之子，极为擅长书法和绘画，天资卓异，绝非庸人所能及。他就像大多数士族子弟一样，可能适合做很多事情，但就是不适合做官。然而他出身世家，按照特权当然能弄个官当。他就当了车骑将军桓冲的骑兵参军，相当于骑兵参谋官。可他倒好，天天蓬头乱发，不干正事。就像现在大公司里，所有员工都西装领带，可是某个部门经理自己天天穿个大花裤衩子，到班上胡混，还没人敢管他。碰到这种情况，我们当然可以断定，这样的公司一定存在很严重的问题。晋朝各级部门就是这样的公司。

王徽之胡混得实在是太出格了。一把手桓冲有一天故意问他：“你是管什么的？”王徽之思考了一下，回答说：“不知道。不过有的时候看见有人在我面前牵着马走来走去，可能我是管马的吧。”桓冲脾气很好，没有骂他是头猪，反而进一步追问：“你管多少匹马？”王徽之说：“我从来不打听这个，怎么知道有多少马呢？”桓冲又问：“那最近死了多少匹马你知道吗？”王徽之说：“我连活马都不知道有多少，怎么知道死马有多少呢？”碰到这样渎职的下属，按理说应该革职拿办才对，可是桓冲没有勇气仅仅因为渎职就拿办一个士族。他对王徽之好言相劝说：“你在单位时间很长，也是个老同志了。你看能不能把公事好好料理料理？”王徽之不理他，估计是觉得他庸俗，自顾自地抬头看天，忽然说道：“西山早晨的气息，真是让人爽啊！”这样的一个人物，居然还能升官，做到了黄门侍郎。

自古以来的文化人说起才子，都是万分钦慕，要是才子做不了个大官，都说是官府没眼。比如擅长填词的柳永，皇帝认为他只适合填词，拒绝给他官做，后来就有人抱怨说那个皇帝摧残文化，仿佛栽培文化就是给文化人官做一样。晋朝官员中，才子比例很可能是整个中国历史上最高的，但社会并没有从中得到多大好处。文化和政治本是社会中两支彼此激荡的力量，两者的合流不过导致了变态的社会结构。

王源因为跟一个门第较低的人当了亲家，就把官给丢了，还永不叙用；王徽之自顾自到西山去爽，连手底下有多少马都不知道，却能被提拔。那么，大家何必去干工作呢？事实上，士族确实以干具体工作为耻。用柏杨的话来说，晋朝的“行政官员以不过问行政事务为荣，地方官员以不过问人民疾苦为荣，法官以不过问诉讼为荣，将领以不过问军事为荣”。

东晋的一个官员熊远在奏章里也描写过当时的士族风气：“当今的官场把处理公务当成庸俗，把恪守法律当成苛刻，把待人有礼当成谄谀，把游手好闲当成高妙，把放荡无行当成通达，把傲慢无礼当成风雅。”王徽之就是这样一个高妙、通达、风雅，而不庸俗、苛刻、谄谀的官员，而他的那些马死光了他都未必知道！

士族产生出这样的风气，在我们看来，实在是不可理喻。但是这样的风气有它背后的逻辑，我们把它简单归于一种莫名其妙的玄学风尚，是远远不够的。试想，士族依靠门第得到官职，如果让他们去认真处理公务，执行法律，那等于把他们和寒族官员放到同一考核标准上。这些寒族能在对他们大大不利的情况下博得功名，其平均政治才能必定在士族之上。一个没有淘汰机制，一个有淘汰机制，运行下来必然会有这样的结果。士族官员和他们在同一标准来考核的话，其愚蠢无能必定昭然若揭。所以一定要打造另一个标准，这样才能彻底理直气壮地称自己为“秀木”，对方为“小人”。在这个标准下，寒族的无能是无能，他们的无能就变成了风雅。

另一方面，既然只有寒族才需要认真工作，时间长了，认真工作就和下贱有了某种隐隐然的联系。这就好比只有穷人才去干体力活。所以很多中国人就留长指甲，表示自己不需要干动手的活，是个上等人。

《世说新语》上记录了一个故事。有一次王濛、刘惔（这两个人似乎很喜欢结伴）和一个叫支道林的和尚一起去拜访骠骑将军何充。何充正在那里专心处理文书，见他们来了，没理睬他们，接着看文书。王濛觍着脸对何充说：“我们今天拜访您。希望您别埋头于那些日常俗务，大家一起谈谈精微玄妙的话，岂不美哉？怎么还费劲看这些文书呢？”何充硬邦邦地回答说：“我不看这些文书，你们这些人怎么能够存活下来呢？”晋朝之所以能够运转，士族之所以能够存活，光是高妙、通达、风雅那是什么用处也不顶的，一定要有阅读文书、处理政务的人。

寒族就充当了这样的角色。士族发现自己只喜欢俸禄和特权，不喜欢文书之后，就把政府官职分成两类：清官和浊官。士族们“望白署空，是称清贵，恪勤匪懈，终滞鄙俗”。就是说，文书看都不看，就拿来签署，这样的工作就是清贵，需要勤勉谨慎的工作，则是留给下流坯们干的。

笼而统之地说，“清官”们的工作大抵是坐办公室，愿来就来，愿走就走。上班了也不用怎么干活，抄个手到各个办公室串个门，聊个天，谈谈艺术，谈谈价值观。下属拿来了文件，他就在上头胡乱签个字，然后领的薪水奇高，还可以利用特权投机倒把，圈占土地。

很容易看出来，许多重要的工作没法交给这些“清官”们处理，比如军事。开始的时候，士族们还有领兵作战的能力，比如淝水之战中，晋军的指挥官就是谢家子弟。士族之所以在东晋能获得压倒性的胜利，甚至凌驾于皇权之上，一个极重要的原因就是他们握有军权。初期晋朝的军队多由士族出身的官员控制。但即便在当时，领军作战也多被认为是粗鄙的事情，比起聊天辩论来，实在是太庸俗了。祖上出过军事长官的家族，被人称为“将种”，此称呼绝非褒义。

晋朝的第一个皇帝司马炎，有一个姓胡的妃妾，其父是有名的将军。有一次，司马炎和她玩投壶的游戏。所谓投壶，就是拿箭往一个壶里面投。这位妃子和他抢一支箭，把司马炎的手指头弄伤了。司马炎很生气，说：“你真是个将种！”这位妃子说：“某些人的祖上（指司马炎的爷爷司马懿）北伐公孙渊，西抗诸葛亮，他不是将种是什么？”司马炎当下就被说得很羞愧。司马懿率军征讨四方，军功显赫，孙子却为此而感到羞耻。

发展到后来，士族能带兵打仗的是越来越少，指挥权逐渐落入行伍出身的北府军将领手中。士族和军权的渐渐剥离，已经预示了士族衰败的命运。他们在此形势之下，只能加倍努力鄙视“将种”，把自己的无能装点为一种高贵的姿态。那些军官确实也为自己的污浊而自卑。皇帝如果想对军官施加恩宠，最好的办法就是把他从武职转为“清官”，哪怕在品级上是降低了，该军官也会感激不尽。

不仅军职，其他重要的职位也慢慢滑出士族之手。比如侍御史，担负检察重任，是格外要紧的职位。但是士族就嫌工作量太大，不够清贵，任由它落入寒族之手。至于参赞机要的尚书郎中、中书舍人之类的职位，能参与政权枢纽的管理工作，也被寒族渐次占据。士族既想清闲，又想控制权力，这两者之间必然有巨大矛盾。

士族握有最高权力，垄断高级官职的时候，就把竞争机制从士族阶层里取消了。一个动物如果不需要奔跑捕食就可以得到充足的食物，那么它的捕食能力一定会越来越弱。比方现在你抓兔子的能力就比不上猎豹，爬树的能力也比不上猩猩。这些士族不需要任何努力就能得到官职，他们的政治能力也就必然逐渐弱化，这是一个很简单的道理。南朝的颜之推对江南的士族做了如此评价：“他们对人情事务，完全不懂，做官不管事，管也确实管不了。只会穿博衣大带，用香料熏染衣服，脸上涂脂抹粉，出门坐车轿，走路还要人扶着。官员骑马甚至会被人弹劾。建康县官王复未曾骑过马，见马嘶鸣跳跃，大惊失色，对人道，这分明是老虎，你们怎么能亏心说它是马呢？碰上了动乱，这些雅致至极的士人肉柔骨脆，体瘦气弱，路也走不得，凉也受不得，唯一能干的就是穿着绮罗绸缎，怀揣金银珠宝，在路边等着饿死。”

从马上征战的司马懿到不知道马数的王徽之，再到指马为虎的王复，是一个士族的衰落轨道。

士族子弟这种先天缺陷，给皇权复兴铺平了道路。他们把高级职位霸占了，却又把实际工作留给了低级职位，这就等于给皇帝开了个后门。皇帝可以借此培植属于自己的力量。虽然皇帝没有办法把他们从政府里清除掉，但是可以把这些懒坯架空。无所事事的“清官”虽然地位尊崇，待遇优渥，但他们离真正的权力核心越来越远。晋朝是唯一一个士族既有崇高地位，又有实际权力的王朝。南朝的寒族就开始颠覆士族的统治。这些寒族的官职品级很低，但却握有实际权力。这些士族对此也处于无力反抗的地位。“你想管？行啊。先把这些案卷都处理了！嗯，也不多，一天看八个小时就够了。”这些士族就会马上傻眼。

光荣属于希腊，伟大属于罗马。留给士族的最终只有空洞的光荣。

六、 士族的衰落

士族在它的巅峰时期也没有取得中世纪西方贵族的权力。他们没能在地方上拥有行政和军事的权力。不管他们在中央有多高的官职，不管他们在地方上有多大的庄园，他们终究没能掌握独立行政权。这一点是至关重要的。再高的俸禄、再高的官职也无法弥补这个损失。

他们确实可以霸占山川湖泊，但是那些只是他们的私人产业。私人的财产权在中国并不特别值钱。西方的封建主可以指着土地说：那是我的！可是中国的士族要说这话，就有些心虚。那些土地在属于他们的同时，也是属于整个帝国的。普天之下，莫非王土。这个远古的符咒并没有完全消失。西方贵族的土地所有权有法律、习俗和意识形态的强有力支撑，而在中国，它却是可疑的、变动的、无法预测的。

他们也可以控制众多的依附者。但帝国从来没有正式放弃对依附者的管辖权。士族豪强的占有是不合法的。中央政府经常核查人口，和士族争夺这些依附者。俄国的领主曾对农奴说："我属于沙皇，你们属于我，沙皇可以对我下达命令，但不能对你们下达命令。"这种人身控制的金字塔结构是封建体制的核心，而在晋代，士族还远远没能让这样的金字塔完工。

士族没能把自己的力量真正地方化，也没能把地方的行政权、军事权变成世袭所有。他们从地方上得不到的权力，由他们在中央政府里的特权得到了一定的补偿，但这种补偿更使他们把自己的命运和建康，而不是和自己的领地，牢牢捆绑在一起。士族在最强盛的时期，也是聚集于建康。这些三心二意的士族不可能建立西方那种封建贵族体制。

阅读魏晋南北朝的历史，会有一个强烈的感受，就是当时的政治局势充满了变数。不仅是个体的命运，就连集团势力的消长，也都变幻不定。政治格局处于一种不稳定的平衡状态中，带有强烈的变动性。造成这种局面的一个重要原因就是：各贵族集团之间没有确定的关系。无论是中央政府，还是士族团体，抑或是军人集团，他们彼此的权力并没有确定的界分。

在合法与不合法、应该和不应该之间存在大量的灰色地带。

士族似乎可以占有土地、可以占有人口，但他们似乎也可以被剥夺这些土地、人口。中央政府似乎可以调动军队、任免将领，但他们似乎也可以被拒绝。一切在变动之中。这种变动说明士族的胜利并非无可置疑，他们仍旧时刻要面对挑战。

而这些士族应对挑战的能力越来越弱。

一群被优越环境宠坏了的子弟，去和皇权与寒族的联盟争夺天下，结果如何不难逆料。

但为什么接管士族权力的寒族没有成为新的士族？中国历史上最常见的就是“打倒皇帝做皇帝”，“拆了宫殿，再修一个”。为什么这种循环交替在士族问题上没有出现？这就需要把这段历史放到更大的背景上加以考察。

汉朝是一个集权化的大帝国，随后的魏晋南北朝却带有明显贵族化色彩。中国历史在此有过短暂的犹疑，在集权化和贵族化两条道路间难以取舍。但中国最终又走向了中央集权的帝国。集权倾向不断加剧，到了明清，就已经到了古代帝国集权的极致。反观西方，罗马帝国崩溃之后，贵族化的封建体制绵延千年之久，给西方历史打上了深深烙印。

产生这种不同结果，背后自然有它的原因。其中最重要的一条是官僚管理能力的差异。

在一个分权的、贵族化的国家里，出现一个强者并不困难。这个强者也有可能在军事上压倒其他所有的对手。但是问题在于：这个强者如何建立一个集权帝国？只在军事上打倒敌人是远远不够的。

他必须要建立行政管理。只有这样，他的优势才能巩固下来，权力也才能真正集中起来。而没有官僚组织，他就不可能建立真正的行政管理。

大家可以想一想：如果一个军事强人建立了一个帝国，他又该如何管理这个帝国呢？如果他不能向各个地方派出足够多的官吏，如果他不能考核控制这些官吏，那么唯一的办法就是把权力交托给某个地方贵族。他可以轮换这些贵族，他也可以打击那些对他不忠的贵族，但是他掩盖不了一个事实，那就是他没办法真正控制这些贵族。随着时间的推移，这个贵族一定会积累属于自己的力量，这种力量是对帝国的离心力。

在中世纪，无论是查理曼大帝还是奥托大帝，他们都没有能力组织一个官僚组织。当时有阅读能力的人少之又少，除了一些教士，几乎所有人都是文盲。那么，这些帝王又如何用公文来监控那些地方长官呢？他又如何得到各地的统计数据呢？他又如何选拔官吏去填充各个政府组织呢？

他做不到，即便他有千军万马他也做不到。

可以想见，唯一的办法就是把政府机构弄得非常简单，维持在一个极低的水平上运转。地方上，如果不出现叛乱暴动之类的大事，就交由地方长官全权处理，而地方长官的行政机构也同样简单至极。这样的中央政府，对地方又能实施多少管理呢？对地方长官又能有多少控制力呢？地方长官逐渐产生离心力就会像一个自然现象一样不可抗拒。

中国的文化水平、经济水平、人员流动程度都大大超出了中世纪的西方。它有能力实施复杂的行政管理。

它可以填充、供养庞大的官僚机构。即便在晋朝，要选拔大量有文化的官吏也并非难事。可以说，中国集权的能力已经存在，它不过是没有得到条件施展开来而已。而在中世纪的西方，这种条件本身就不存在。为什么奥托大帝没能建立集权的神圣罗马帝国，而赵匡胤却能建立一个集权的宋帝国？原因就在于他们手中的资源迥然不同。

中国皇帝们要想释放这种能力，需要做的就是用官僚替代贵族。要做到这一点，最重要的一个手段就是科举制度。

科举制度考试的内容并不重要。重要的是，这种制度用一种温和的方式颠覆了世袭倾向。在考试中获胜的人不是贵族，而是官僚。全国的士人，在同一个尺度上被选拔、被考核，被纳入一个共同的官僚体系。它对中国历史的影响，是怎么强调都不过分的。

这样一个转变是“好”还是“坏”？这个问题实在是很难回答。那些尸位素餐、贪得无厌的士族就此消失，换来的是一个随心所欲的帝王，还有和士族同样寡廉鲜耻同样聚敛无度的千万官吏。一个混乱残酷的贵族时代就此消失，换来的是僵滞沉闷而且往往同样残暴的大一统帝国。

士族统治的兴起并非一帆风顺，皇权曾和它做过生死决斗。士族意气风发的统治，首先要挫败皇权的反抗。那是青龙与白虎之间的战争。

第二章

青龙与白虎的决斗

——皇帝，还是贵族？

中国神话中，有四种怪兽镇守天地的四方。镇守东方的是青龙，西方的为白虎，南方的为玄雀，北方的为玄武。

东晋帝国建立不久，就爆发了一场意义深远的内战。这场战争的敌对双方是东部的皇帝与西部的权臣。这场东与西、龙与虎的争斗以悲剧而告终，而它的缘由则要上溯到帝国创建的岁月。

一、 白板天子

公元 317 年，司马睿在百官的注目之下，走向皇帝的御座。此时距离他渡江南下，整整 10 年过去了。司马睿已是一个 41 岁的中年人。

这 10 年里，北方的大平原已经变成了一个修罗场。西晋的最后两位皇帝怀帝、愍帝先后被匈奴人捉走，按照书上的说法，是“北狩”，就是跑到山西打猎去了，从此再也没回来。皇帝去打猎了，留下军阀们在那里打仗。西晋王朝最后一个强权人物司马越病死在河南，他留下的十几万残军被羯人的军队杀光。

而司马睿在这 10 年里，像燕子搭巢一样搭建好了自己的安乐窝。这个安乐窝已经颇具规模，可以遮挡来自北方的风雨。旧巢共是衔泥燕，飞上枝头变凤凰。如今时机成熟，这只燕子要站立枝头，向大家宣布它是百鸟之王，禽界正统。

如果不是风云际会的巧合，司马睿这只家燕是无论如何成不了凤凰的。他 15 岁继承了父亲的王位，做了琅邪王。这位年轻的王爷在皇族谱系里，是个绝对的疏属。似乎他登上皇位的唯一可能就是来一场大瘟疫，把司马皇族瘟死百八十个。瘟疫并没有发生，发生的是八王之乱和随后的胡族入侵。

司马家族先是展开了内部的血腥杀戮，各位王爷带着军队互相讨伐，首都几次易手，皇帝屡次被废。司马家族的王爷们像一群野兽一样疯狂地互相伤害。接踵而来的，是蛮族的大入侵。晋朝军队的精华已经在内战中消耗殆尽，帝国的财富也已经扫地无遗。蛮族军队开始大规模侵入中原腹地，而晋朝政府军无力抵抗。中原最终沦陷于蛮族之手。司马家族的人不是死于内斗，就是被外族诛戮。

几千万年以前，庞大无匹的恐龙们都死在了气候灾变里面，而以往生活在边缘地带的小哺乳动物倒幸存了下来。司马睿就像那只小哺乳动物，在庞然大物们都死掉的情况下，独自在江南躲过了天地灾变。

公元316年，西晋末代皇帝愍帝被匈奴人捉走。司马睿带了军队露宿野营，向天下发布檄文，说当此危难之机，也正是自己杀身成仁、报效朝廷的时候。他庄严宣布要带领军队北上救助皇帝。野营了几天之后，司马睿就回建康睡觉去了。后来司马睿抓了一个运粮官杀了头，说都是他没好好运粮食，害得自己没法出兵救皇帝，实在是大大的该死。

大臣们在一位王爷的带领下，请求司马睿登基。他们悲痛地声称如果司马睿不当皇帝，他们就当场自杀。司马睿坚决拒绝了。他说自己是个罪人，如果诸位一定要让他当皇帝，他只有回琅邪老家。最后的结果是大臣没有自杀，司马睿也没有回家。司马睿宁肯提前内退都不肯当皇帝，不是因为他不喜欢当皇帝，而是因为当时愍帝还没有死掉，还在山西“打猎”（其实是给匈奴皇帝洗盘子）。按照继承法理的要求，司马睿这时候没有资格称帝。

司马睿之所以能够在建康搭巢，就是因为他是司马家族的一面旗帜，代表着统治的合法性。法理是他力量的来源，所以他对正统性非常敏感，丝毫不敢马虎。直到一年后，愍帝去世的消息传到建康，这时，司马睿才流着眼泪同意大臣的劝进，登上帝位。

司马睿虽然熬到了西晋最后一个皇帝驾崩才即位，但他的法理正统性仍然有漏洞。那就是他没有传国玉玺。当时传国玉玺失落到北方匈奴人之手。匈奴人正拿着玉玺起劲地往文件上一个一个地盖呢。为了这枚失落的玉玺，司马睿被人称为“白板天子”，这就相当于说没公章的领导，形近篡逆。东晋朝廷一直对这枚公章耿耿于怀。直到数十年之后，公章问题才有了转机。后赵帝国倾覆后，玉玺落到一个短命政权——冉魏的手里。冉魏对这枚玉玺看得倒没东晋皇帝那么重。东晋一边向冉魏许诺派遣援军，一边派专使前往哄骗，终于如愿以偿，从冉魏手里诓到了玉玺。当下晋军派300骑兵专程把这枚玉玺护送到建康，这才彻底解决了司马王朝在法理上的问题。而此时的司马睿，早已成了冢中枯骨。

司马睿本质上是一个温和宽厚的人，有时候还颇有幽默感。比如他当皇帝以后，生了一个儿子，群臣都来祝贺。他按照惯例，给所有大臣都赏点东西。有一个大臣就谦虚地说：“太子诞育，我没有功劳却接受赏赐，实在惭愧。”司马睿回答说：“皇后生孩子，怎么能让你在中间有功劳？”

他娶太太娶得也很有幽默感。原配夫人死了以后，他本打算娶一位姓吴的小姐当继室。这位吴小姐有个守寡的表姐，叫阿春。司马睿发现了这个阿春之后，就忽然觉得“生瓜蛋子有什么意思”，还是寡妇好，应该娶寡妇。迎娶之前司马睿忽然变卦，把聘礼给了这个寡妇。这个阿春就成了他的夫人。被守寡的老表姐挫败，吴小姐之愤懑可想而知。这次姊妹易嫁给东晋人带来了小小的麻烦。这个阿春的孙子后来也当了皇帝，阿春被追封为太后，这样一来，东晋人管“春”就不能叫“春”了，而得叫“阳”。比方说，经书《春秋》就被改称为《阳秋》，“皮里阳秋”这个成语就是来源于此。司马睿和寡妇阿春的感情非常好，以至于司马睿一度曾想立阿春的儿子为皇帝，大臣极力反对，司马睿没有勇气坚持到底，此事才作罢。

司马睿的温和平易不仅源于自身的性格，也出自他对自我地位的认识。司马睿在内心深处并没有把自己当成什么“天命之主”。他缺少汉朝天子那种“天命在我”的神圣感。

这一方面是因为司马睿对自己缺乏自信。

司马睿从中原的血窟中脱身南下。他清楚地知道：不知有多少亲王，昨天还发号施令，威震天下，转眼间就身首异处，满门处死。一度曾控制洛阳政府的长沙王甚至被人捆在烤肉叉上烤炙而死。西晋最后的三位皇帝，一位被人毒死，两位被蛮族杀死。重臣大将，死于剑下者更不知凡几。西晋最后一位真正意义上的枢臣王衍，被羯人用土石活活压死。这些用血写成的往事不会不给司马睿留下恐怖的烙印。

司马睿自己也曾经被人追杀。逃难途中，他被官吏拦住。幸亏有个机智的随从一边用马鞭抽司马睿的马，一边笑话他：“舍长！人家要捉拿贵人，怎么连你也给饶进去了？”这才得以脱险。否则，司马睿很可能会像其他的王爷一样，丧身在北方的杀戮场中。创建东晋帝国的过程中，司马睿又是因人成事，并无多少功业可资称道。

皇位只是偶然滑入了他的掌心。见识过天崩地裂惨剧的司马睿，对自己的成功只能暗称侥幸，产生不了傲视天下的雄心。

另一方面，那个时代的皇帝也的确不像后来的皇帝那样神圣。在整个晋朝，皇帝和高级贵族之间并没有真正的鸿沟。大家都是上流社会一分子，都是同一个小圈子的成员。

西方的封建领主和附庸的关系，是从最顶端的国王一直扩展开去的。贵族们对国王当然是附庸，但是对其他人，他就可能又是领主。西方封建时代的国王，归根结底也只是一个领主。虽然他居于领主—附庸关系的顶层，但和下层的领主并没有什么本质区别。有时，国王跟贵族可以在朝堂上互相破口大骂。

东晋的皇帝和那些国王颇为类似。他只是最高贵族。皇帝和大臣之间的关系，固然是君臣，但是大臣和他手下的属官，也可以叫“君臣”关系。当然，到了后来，中国和西方的政治权力，都往金字塔的顶端集中。明朝的皇帝可以天威震怒，让小太监把大臣叉到外面打屁股。法国贵族虽然不会让阉人按那儿打板子，但法国的大贵族同样要一脸庄严地给国王倒尿盆。

东晋是一个士人揽政、权臣用事的时代。在权臣的阴影之下，司马睿没有表现出什么雄图远略，东晋创建期间，司马睿少有建树。史书对他的评价是“恭俭之德虽充，雄武之量不足”。但也正因为如此，各个集团也才肯接受这个并没有什么实力的皇帝。如果他一来就使出雄主手段，只怕在江东根本无法立足。当时各种小集团纠缠在一起，政治局面就像一个凳子上安了好几个横七竖八、长短不齐的凳子腿，一不小心凳子就会翻倒。此时最聪明的做法是闭上嘴，小心翼翼地坐在上面，努力保持住平衡。当时这些集团都希望司马睿能作为礼仪金字塔之上的一个极点而存在。他们不需要一唱天下白的雄鸡，需要的是一个绚丽无用的凤凰。

司马睿穿着华丽的朝服，孤独地坐在这个金字塔之上。

但是司马睿也并不是一个任人揉捏的泥团。他并不缺少意志力。他刚到江南的时候，喜欢喝酒，因为这个误过事，遭到丞相王导的谴责。他就让人拿了一杯酒一饮而尽，然后把杯子摔在地上，从此戒酒。这是一个非常倔强的举动。一个没有强烈自尊心和自制力的人，做不出这事。

在内心深处，他对东晋政府松懈的管理很不满，也厌恶那些权臣加在自己身上的桎梏。他渴望加强皇权，他渴望能成为真正的帝王。但是他没有力量去改变这个纷乱乾坤。司马睿被权臣长期压制，心中的郁闷越来越强烈，这个被人当成旗杆子一样竖在朝堂上的皇帝，恭俭得已经太久。司马睿终于忍耐不住，要和揉捏他的人决裂，准备显示他的雄武之姿。决裂的结果是悲剧性的。凳子翻倒了，司马睿死在皇宫之中。

二、 南与北

中原渐次沦陷后，北方的世家贵族以惊人的速度向南方逃亡。逃亡的热情之高，南方人想挡都挡不住。这些人就像面临大洪水的小动物一样，纷纷逃往安全地点。江东的小朝廷就成了这些小动物的挪亚方舟。这些难民虽然是逃难而来，但都不掉架子，到江东以后，很快找好了自己的位置，立志甩开膀子大干一场。司马睿政府本身也是从北方来的流亡政府，他们自然觉得这些南下贵族是自己人。这些贵族和自己说一样的方言，吃一样的东西，一样是被人从老家撵到江南喝米酒，面临着一样的困境。东晋朝廷从一开始就把这些高级难民当成自己的支柱。

这些贵族难民很快都在司马政府谋到了一份差使。官职在中国从来都是最好的东西，这些贵族把这个好东西一口咬定，就像癫痫病人咬嘴里的木棍一样，毫不放松。他们形成了一个相对封闭的阶层，这个阶层之外的人，都被他们慢慢排除在重要官职之外。到了后来，南下的贵族最终彻底垄断了政府的高级职位，不要说一般的老百姓了，就是南方的土著豪强，也被排除在外了。

事情还不仅于此。这些北方世家大族得了好处的，马上又抱成团，排斥那些来得晚的士族。先知先觉的世家，抢先跑到南方。那些后知后觉来得晚的，就不免给他们瞧不起。东晋社会就像钱钟书笔下的大学，先来的士族瞧不起后来的，后来的士族瞧不起土著豪强，土著豪强瞧不起种地的，种地的瞧不起当兵的，当兵的没谁可让他们瞧不起，只能互相瞧不起。这个就是江南的等级秩序。

先来的这些士族还专门为自己修订了一本《百家谱》，里面记录了 100 家率先随从司马睿东渡的大姓。这 100 家形成了一个自己的小圈子，占据东晋社会的最上层。参加“革命”的年限从南渡算起，之前的资历只有参考价值。后知后觉的士族即便在西晋的时候非常显赫，可迟了一步，也只能算作新近参加“革命”的，挤不进那 100 家最高层小圈子里去。

这些高级难民到江南来，可不是孤孤单单，“一琴一骡，萧然入京”。随便哪个都是带了一大家子人，有的还带着三亲六故、邻里街坊、宾客部曲。这一大帮子人都要吃饭，不光吃饭，还要吃好的。这一来，就有了很大的经济问题。当然，东晋政府也给了他们很多照顾，比方太原的王佑到建康以后，司马睿拨给他 30 万钱（大约折合 30 多万人民币）和若干布匹粮食，做他重整家业的启动资金，甚至还派了 20 个士兵给他看家护院。但是这些资金只备缓急之用，重建家园还要靠自己动手。在当时的社会，最有价值的财产就是土地。这些世家马上就奋力动手占起地来了。

但是地可不是随便能占的。南方的土著豪强对此非常抵触。

南方豪强在东吴被灭之后的几十年里，地产财物一直没有受到朝廷的触动，实力依旧非常强大。江南的太湖一带，最强的豪强是顾、陆、朱、张四大姓。吴兴（今浙江吴兴）一带，最强盛的是沈、丘诸族。

在司马睿南下之前，江南也发生过陈敏之乱。江南大族靠着自己的力量，轻易地将这次叛乱敉平。

陈敏本来是合肥度支（财政局长），主管漕运，后来升为广陵市长（今江苏扬州西北）。当时江南囤积有大量米谷，北方处在战乱之中，急需这些米谷救急。陈敏的主要职责就是把这些米谷往北方运。运着运着，他就觉得自己有钱有粮，白白送给人家，不留下自己做点事情实在是可惜了。于是他就索性起兵，占据扬州，后来又进一步占领了江南大部地区，自称楚公。

但是陈敏有他先天的缺陷。陈敏本人出身寒微，被人说成是“七第顽冗，六品下才”，就是说在九品中正制里面，只能是个六七品的货色。他在贵族等级体系里只是个小萝卜头，南方豪族为他们领导的出身感到真切的羞愧。陈敏的表现也很快让他们失望。他没有显露出多少能力，政事处理得相当混乱，而且不尊重南方豪强的地位。南方的豪强逐渐认识到，这个让人讨厌的家伙成不了事。因此他们马上动员起来，组成了一个联军，要把这个军阀赶下台。

公元306年，陈敏纠集了1万多人的军队，和豪族联军对阵。但这场决战是一场不流血的战斗。

吴郡豪族周玘、顾荣在这次倒陈运动中起了很大作用。陈敏手下的士兵也都是江南人，他们没有勇气向对岸的本地财主举起武器。联军方面叫道："周玘、顾荣都在这里，你们还待怎样?"陈敏的部队马上开始狐疑观望。这时候，顾荣闪亮登场，拿一个白羽扇隔河"麾之"。被这个白扇子一扇，陈敏的部队马上丧失战斗意志，四下奔散，就剩了楚公陈敏一个。这场决战就这么虎头蛇尾地结束了。从这次白扇子战役中可以看出，这些豪强在当地享有何等的威望。

南方豪强既然拥有强大的实力，为什么无法抗衡这些南下的北方士族呢？为什么他们在这场角斗中归于失败呢？

其中一个重要原因就在于北方士族的政治强势地位。司马睿作为北方士族的首领，代表着正统的合法性。在这种合法性面前，南方豪强缺乏决裂的勇气。

如果我们设身处地地从这些豪强的角度思考问题，就会发现，他们确实缺少选择的余地。北方的皇朝已经崩溃，蛮族的军队在中原肆虐，随时还有南侵的危险。而从北方南下的流民络绎不绝，他们形成一个个武装集团，游荡在江淮一带。这些人并不比蛮族军队危险性小。如果缺少一个有号召力、能为大家所承认的合法权威，又该如何应对这种局面？南方豪强可以拥护自己人中的强者为王，但这样的强者又如何能号令流民？又如何能吸引盘踞在江南与蛮族之间的中立集团的支持？南方豪强又如何杜绝第二个陈敏的出现？

当然，他们可以接受一个傀儡皇帝，然后自己牢牢把持政权。但是，他们没能做到这一点。之所以会如此，最重要的一个原因在于北方士族的组织能力。

北方士族执掌魏晋朝政近百年，早已经熟谙政治组织之道。在政治管理方面，他们有着南方豪强无法比拟的优势。同时，他们已经在西晋形成了一个贵族小圈子。为数不多的大家族们垄断了帝国的高级职位，彼此联姻，应酬往来，分享同样的文化理念和意识形态。此时他们相继南下，很快就可以架起一个摊子，运转起一个政府。北方士族的危机感和排外性，又导致南方豪强无法挤进建康高层的小圈子。

南方豪强既然留在高层政治之外，他们就无法从内部慢慢操控它。剩下的一个可行办法就是强行颠覆它，保留皇帝而清洗北方士族。但是建康政府拥有相当的军事实力，对南下流民又有号召力，使用武力推翻它谈何容易？南方豪强确实也做过这样的尝试，但却宣告失败。

此外，南方豪强还有一个很大的弱点。他们长期位于文化和政治的边缘地位，使得他们缺少北方士族的那种自信。

这些南方豪强对北方士族，存在着一种矛盾心理。一方面，他们当然不喜欢这些成群结队南下抢食的高级难民，但另一方面，他们在这些士族面前，又确实感到一种自卑。南方豪强与北方贵族之间，有着一个巨大的鸿沟。北方士族一直占据文化和政治的主流位置，习惯于拿个拂尘，鼻孔朝天地高谈阔论。那个劲头南方人就学不大来。南方豪强在这些高门大户面前，多少显得有点像土财主。比如说语言，吴侬软语就没有洛阳的晋朝普通话显得高级。南方文化人真要拿个拂尘，谈点高雅的，一张嘴就说：“《庄子》好看哦?”也还是被洛阳来的大佬们瞧不起。而南方人能说中州话，无论如何也是一件很有面子的事情。

北方贵族对南方土财主们，处处显示出一种轻蔑。这种轻蔑被层层地包裹起来，大量奉送，南方豪族想不要都难。南方豪族对北方贵族既有自卑心理，又感受到对方的蔑视，郁闷心态无处排遣。这种自卑感往往激发出他们虚夸的自豪感，这在心理学上是很容易解释的。你面对一个你打不倒的强者，而他又露骨地蔑视你，你就很容易在他面前装得比他还要傲慢。南方豪族强调自己的地方色彩，鄙视南下的北方贵族，称之为“北伧”，不过这种自豪感多半是被刺激出来的虚夸的东西。

既然在政治上和文化上一时翻不了身，南方豪强只能选择牢牢保住自己的经济地位。他们拥有大量的田产，众多的依附者。只要这些不被剥夺，他们依旧可以在地方上保持相当大的影响力。南方豪强很快就不再希冀进入中央政府，只指望保持在地方上的财产和地位。这成了他们最后的底线。每次中央政府试图染指土著豪强的财产，都会面临动乱的威胁。

东晋创建之初，政府就面临着豪强叛乱的威胁。

这些像蝗虫一样呼啸而来的北方士族，大多在政府中当了高官。眼瞅着是个难民，转眼就进了管理层，开始写文件，做报告，指导南方人干工作。这些贵族表现得不像难民，而像征服者。江南人自然越来越气愤。更有甚者，这些北方贵族现在又要抢夺南方豪强的土地，以为安身立命之本。这怎么能容忍呢？矛盾开始激化。

吴郡豪族周玘联络了一批“革命”者，策划搞武装政变，想推翻建康政府。但是密谋泄露，周玘气急之下，病发身死。临死前，周玘给他的儿子留下了政治遗嘱："是那些北伧害死了我，能给我复仇的，才是我的儿子。"司马睿担心南方豪强的力量，对这件阴谋装作不知道，还追认周玘为辅国将军。周玘的儿子周勰秉承老爸遗志，继续闹"革命"，成功地鼓动了一次小规模叛乱。此时的建康政权已经不是刚刚渡江时那个窘相了，它已经在江南站住了脚，培植出了自己的力量。它轻易地镇压了叛乱。但司马睿依旧不敢触动周家，还是假装不知道周勰参与叛变，让这件事糊里糊涂过去了。周勰后来还当了市长。

司马政权感受到了南方豪强的威胁，觉得确实应该稳定稳定他们的情绪。高级干部还是不能让他们当，但是对他们的私人财产还是要尊重的。南下的北方贵族开始避开江苏，转而向浙江、福建发展。

江苏的顾、陆、朱、张不好惹，而浙江的虞、孔诸族比较好欺负，那大家就往浙江一带占地。琅邪王家带头在浙江一带起房置地，北方士族纷纷仿效。这些贵族占的地非常之多。比方孔灵符，只是一个官员的弟弟，并不是一个特别显赫的人物，却一口气在永兴（浙江萧山）占了周围 32 里的大庄园。后来，浙江的地盘也占得差不多了，他们又进一步前往福建。这样一来，北方士族和南方豪强的地盘大体分开了：北方士族的家业相对集中在浙江，而南方豪强则主要聚居在江苏。这样一来，北方和南方大族在经济方面的冲突有所减少。

但是南方豪族并没有真正原谅这些北方的白眼狼。一直到了南齐时代，丘灵鞠还恶狠狠地说："我该回去把顾荣这老狗的坟给扒了。江南几千里大好山河，出过多少风流士人，真是锦绣之地啊！顾荣这老狗，却引北佬南下，盘踞我大好河山，我们才会落到今天这地步。顾荣确实是死有余辜。”

然而，南下的士族毕竟生活在江南，这个是你中州话说得再正宗也改变不了的事实。南下的士族一代又一代地喝着江南的水，吃着江浙的米。随着时间的流逝，他们最终把自己定位成了“南士”。这种文化上的融合虽然缓慢，但却是人力无法阻挡的。

在这种南与北的冲撞混合之中，一个新的士族社会慢慢孕育而生。

三、 王与马

司马睿登基之时，曾做出一个非常怪异的举动。

他邀请宰相王导和他一起坐在御座之上，接受百官朝拜。王导自己觉得这样太过分了，坚决不从。他说：“皇上好比最红最红的红太阳，如果太阳跑到地面上跟大家在一块儿，谁在天上给普照万物呢?”司马睿这才没有坚持，一个人坐在宝座上普照万物。

中国历史上，司马睿是唯一一个向大臣做出如此邀请的帝王。他做出这样举动，实在是因为他理解自己的处境——天下并不在他的掌握之中。在东晋的政坛里，王导是一个比他司马睿更为核心的人物。

王导是东晋士人的领袖，同时又是帝国的宰相，在建康政府，具有强大的影响力。他的从兄王敦则掌握着强大的军队。王敦担任荆州刺史，控制了长江中游。王导、王敦，一个控制建康政府，一个担任长江中游最高军政长官，从而操纵了整个东晋政权。当时人称这个局面为“王与马，共天下”。

王导出身于晋朝的著名世家——琅邪王家。琅邪王家是西晋的一流大姓，在士族中享有崇高声望。而王导又和司马睿私交甚笃，在司马睿担任下邳军政长官的时候，王导就是他的副手。后来，司马睿渡江南下，其中就有王导居间筹划经营的功劳。

王导有一种司马睿所没有的雍容气度。他对政治形势的感觉很敏锐，而且懂得折中与妥协的艺术。他像一个典型的政治不倒翁，在再坏的环境里，也能凭借走钢丝的技巧生存下来。苏联的一个笑话里说，米高扬同志下雨的时候从来淋不湿，因为他能在雨缝里走。王导就像晋朝的米高扬，能在暴雨中寻找缝隙。

在司马睿刚到建康的时候，南方豪强看他枪没几条，人没几旅，并没怎么看好他。司马睿他们也害怕自己重蹈陈敏的覆辙。为了大树特树司马睿的威信，王导专门策划了一场演出。司马睿渡江的第二年三月上巳节那天，江南人按照风俗，都到江边向神明祈福。这时，司马睿在仪仗队的簇拥下，乘坐肩舆，威风凛凛地前去观礼。王导、王敦等诸多北方贵族都骑马在后跟从。这一场景其实是北方贵族的联合演出，向南方人展示自己的力量。几十年来，南方财主几时见过这等排场？南人被深深打动。顾荣他们看到了这一幕，纷纷出来在路旁跪拜。王导趁热打铁，亲自造访顾荣、贺循，邀请他们加盟建康政府。顾荣、贺循觉得对方给足了自己面子，就答应出山。这是王导的一个巨大成功。顾、贺两族起了带头作用之后，司马睿政权才开始得到南方人的广泛认可。

王导时刻注意对南方人表示关切，尽力化解南北方的隔阂。在此基础上，王导慢慢组建中央政权的力量基础。可以说，在司马睿渡江之后的最初 10 年内，王导在政府里扮演了一个最为核心的角色。

王导具有强烈的人格魅力。名士桓彝刚到江南逃难的时候，看建康政府微弱不振的局面，就忧虑地说："因为中原动荡，我才逃命到江南，可却碰上这么疲软的政府，这命看来是要丢在这里了！"忧虑不安的桓彝和王导会晤以后，却精神大振，高兴地对人说："有管仲在这里，我们还怕些什么！"

南方豪强对王导也颇有好感。北方士族对南方豪强多有一种或明或暗的鄙视，而王导对他们却虚心接纳，努力取悦于这些抑郁的豪强。为了笼络这些人，王导甚至努起了舌头说吴语。南下士人刘惔在夏天去拜访王导，却赫然看见这位宰相露着肚皮，拿着一个棋盘贴在上面，高兴得直哼哼，说："真渹啊！"渹就是吴语里冷的意思，就像现在说的"浪煞忒啦！"。北方士人都以说中州话为傲，王导此举让刘惔非常气愤，出来对人说："王导他除了会说两句南蛮子话，还会干什么！"王导对此不以为意。他知道南方豪强会欣赏他的吴语。他的友好姿态不是没有成效的，王导在北人与南人之间做了黏合剂。

他最大的技巧是在各种彼此冲突的集团之间搞精巧的平衡。他的雍容，他的风雅，他的耐心，都是他技巧的一部分，他是一个伟大的平衡者。王导最终成为南方豪强和北方士族都能认同的一位领袖人物，成了东晋士人和衷共济的象征。

但是王导并不是东晋的管仲。他并不是一个能按照既定目标推行大规模改革的政治家。

王导是一个典型的士人，身上继承了西晋士族一切的风采与恶习。王导喜欢享受生活，谈玄说理，不爱处理繁杂政务。王导习惯于生活在舞台的中心，做明星式的表演，对于烦琐的政府公务缺乏兴趣。他曾和大清谈家殷浩反复论辩，畅谈“玄理”。谈到三更天总算谈完了，王导发感慨说：“谈了这么多，也不知道谈了些啥。但是谈得很高级，比喻修辞都很不错。这才是谈玄的正宗啊。”这实在是一种为艺术而艺术的境界。王导有时间这么瞎聊天，可是没有时间处理政务。

他对如何提高政府效率、加强职能，并不在意。他想做的，就是让政治局势保持稳定，不要出大的乱子。没有事端的时候，他绝对不主动惹出事端。

如果显贵贪污，那么让他们贪污好了。他曾经派遣八部从事巡查郡县，回来以后其他人都汇报各种消息，只有顾和没有任何报告。这位空跑了一趟的懒汉教训王导说：“大人做宰相，应该宽大为政，宁可使吞舟的大鱼漏网，也不要去纠缠细枝末节，有失大体。”王导听了以后大大地赞赏。其他属下听了王导对顾和的夸奖，面面相觑。他们无疑找到了自己学习的榜样。王导觉得官员们贪点污实在算不得什么大事。做官的嘛，怎么会不贪污呢？只要他们能够把地方的事情摆平，不捅出大娄子来，王导就心满意足。

如果官员渎职呢？那就让他们渎职好了。王导手下的一个主簿（秘书长）查核公文，向他报告，他居然不肯听，说：“我想和主簿你交往。但是，别人怎么处理公务的，我不想知道。”而且他自己就渎职。到了后期，送给他的文件，他看都不看，只管画圈批准。还告诉大家说：“人说我糊涂，以后大家会怀念我这种糊涂的。”

如果豪强漏税，那就让他们漏税好了。余姚县令山遐，上任 80 天就查出豪强隐瞒荫庇的人丁 1 万多人，结果被王导撤职。王导不认为认真调查漏税值得赞扬，反而认为这样干的人是惹事精。余姚是江南大姓聚居之所，他们要漏点税，霸占点人口，是他们的传统美德，山遐无端干预，惹出江南善良地主的反感，那就得不偿失了。

这种管理方法固然是他性格使然，但在另一方面，更是基于他对形势的判断。东晋王朝是一个分权的组织结构，各种力量错综复杂。执政者如果要人为地改变这个格局，或者去做技术层面的大改动，是非常危险的。王导不认为自己有扭转乾坤的力量。既然分权的局面已经形成，那么也就没有必要去徒劳地把权力集中起来。他宁愿做一个务实的协调者。

在王导看来，东晋的最大问题不在那几百万老百姓身上。他们的想法并不重要。问题也不在于财政是否充裕、兵力是否强大，这些也都只是表象。真正的关键在于那几百家掌握权力的士人。帝国只有依靠他们才能实施管理，才能正常运转。他们的向背可以决定帝国的生死。只有把他们争取过来，团结在政府周围，帝国才有机会生存下去。要解决财政、军事等等问题，这很好。但首先要确保生存，然后才能谈得上这些。

在帝国创立的初年，王导“不存小察，弘以大纲”的政策对于稳定局面，确实起了很大作用。但他的成功是以牺牲行政效率、损害下层利益为代价的。

有人评论东晋的政治局面说：“江东的官府总是放纵豪强大族，任由他们胡作非为，坑害百姓。就算这些人干得太出格，实在捂不住了，也拿个无权无势的倒霉蛋来顶缸。当官的豪强监守自盗，偷了石头要塞的军粮100多万斛（100万斛够一支1万人的军队吃上好几年的），结果呢？这些贼头子一点事没有，倒把仓库管理员打死了顶罪。山遐做余姚县令80天，为官府查检出2000多户隐匿的户口，结果不但受不到嘉奖，反而被大家群起殴之，黯然丢官。这都是王导荒谬政策的后果。”

对于这样的指责，王导当然可以辩解说：“你们这种不负责任的攻击是‘左’倾幼稚病。‘实现公正，哪怕天塌下来’是要不得的小资情调。士族是东晋的擎天白玉柱，架海紫金梁。把这些国家柱石推向敌人的怀抱，天真的会塌下来，把大家都砸死的。”但是我们有理由怀疑：在渡江伊始，王导的政策也许是正确的。但在中央政府站稳脚跟之后，是否还有必要继续执行这个政策呢？天真的会塌下来么？

司马睿就不信邪。

他目睹过西晋官僚是如何耽于安逸，任诞放达，漠视职守，也目睹过其后骇人听闻的大灾难。他以往的经历让他相信，放任这些士族才会导致天塌下来，约束他们才是长治久安之道。因此，司马睿的看法和王导相反。他认为，当下之急是要拨乱反正，是要严刑峻法，把权力收归中央。

司马睿的政见与王导迥异，还有另一个深层原因。马克思教导我们说：社会存在决定社会意识。还有一个通俗说法：屁股决定脑袋。这种说法是对的。司马睿和王导一个要搞整风，一个要搞协调，这跟他们所处的地位大有关系。

司马家族南渡的人本来就少，当时有“五马渡江”之说，就是说，渡江南下的司马家族宗室，只有五人而已。而这些南渡的司马王室也都被排除在重要职位之外。司马睿孑然处身于南北士族之中，只能作为一个象征垂拱而治。东晋帝国实际是由王家兄弟操控的松散士族联盟体。司马睿邀请王导和他一起登基，就是他处境的最好说明。如果他要有所作为，他就要强调皇权，强调刑法，把权力都朝金字塔的顶端聚拢。而王导也明白，高度集权最终只会对皇帝有利。不同的利益考虑影响了他们对局势的看法。

那些名士们读老庄，司马睿读韩非。他把《韩非子》当作指定读物推荐给太子，但太子对韩非却不能欣赏。朝臣对《韩非子》更是颇不以为然。司马睿却排除众议，热诚地在真理的海洋中遨游，贪婪地从《韩非子》里吸收知识养料。很快他就要拿出韩非子的法、术、势，付诸实施，来收拾这些读老庄的南北士族了。

司马睿在南渡初期，确实小心翼翼地垂拱而治。等他皇位稳定之后，就开始逐渐推行自己的政策。据史书说法，他的政策就是“以法御下，明于黜陟”。我们可以看看司马睿“以法御下”的两个例子。

宋典是司马睿亲信的一个官员，在司马睿逃难之际，他就曾追随于左右，那位称司马睿为“舍长”，帮助他脱困的，就是这位宋典。宋典犯了法，按罪看来好像应该杀头。司马睿把宋典免职，然后把他的副手捉来杀头，说是要以儆效尤。还有一例，泰山太守羊鉴率部出击叛军，在前线按兵不动，将领蔡豹请求进击，他坚决不同意，最后由于贻误军机，招致惨败。但是羊鉴是王敦的舅舅，所以，司马睿就把蔡豹“斩而磔之”，羊鉴只受到免官的处分。这两个处分都是拿副手当正凶办。但是当时风气就是官官相护，渎于职守，这样的惩治在大家看来，已经是雷霆之威，公正严明得匪夷所思了。在我们看来，这种怪异的惩罚，更说明了司马睿要想真正推行法治，该是何等困难。

在登基当年，司马睿就下发诏书，声称："请把官员里和稀泥的软蛋，贪污受贿、沽名钓誉的家伙都呈报上来，以便我来惩治。"几个月后，又下达诏令，宣布："地方官都应该奉守法律，抑制豪强，抚恤孤寡，核查户口，发展农业。刺史都应该互相检查，绝不许营私舞弊，使公家蒙受损失。如果发现坏人却不检举，我要惩治他放纵奸邪之罪。看见好人而不荐举，我就要治他渎职之罪。"从这些诏书里可以看出，司马睿的政策和王导针锋相对，决不愿意"让吞舟的大鱼漏网"。

但是只靠发布几条命令解决不了问题。和稀泥的软蛋也好，贪污犯也好，都不会读了诏书以后，陡然痛改前非，转而"奉守法律，抑制豪强"。司马睿还必须要找到人去推行他的政策。司马睿确实找到了这样的人，那就是刘隗和刁协。

刘隗和刁协出身也都是士族，但是他们家族势力不强，本人以前的官位也不高。他们坚定地站在司马睿一边，把自己的命运和皇权紧紧联系到一起，因此被司马睿倚为左膀右臂。尤其是刘隗，和司马睿私人关系非常密切，是司马睿最信任的心腹。

刁协被任命为尚书令，这个尚书令性格古怪，对当时的显赫豪门有难以遏制的痛恨，而且还不是一般的恨，简直是出奇的恨，愤怒之情往往溢于言表。他喜欢喝酒，喝了就借酒撒疯，痛骂当时的高官。在筹划打击豪门的事情上，他从来都是精神抖擞，因此被司马睿视为具有彻底斗争精神的能员。

刘隗则远比刁协深沉。他善于探求司马睿的旨意，往往在司马睿明确说出之前，就已经满足了他的愿望。而且他有处理政务的长处，在东晋初年的政局中，很快成了一个举足轻重的人物。司马睿特别重视司法，认为用法律来打击这些骄横的士族，挺方便的。于是就委任刘隗为御史中丞，执掌司法。

刘隗在任上，热情高涨地斗争士族豪族。王导的丞相府曾以耽误军需的罪名处死督运官，这是一件冤案。刘隗当即写奏章弹劾王导。奏章里，刘隗凄恻动人地写道：行刑之际，该督运官的血克服了地心引力，顺着柱子向上流了二丈三尺，血淋淋地控诉了王导的暴行。王导得知遭弹劾后，要求引咎辞职，但司马睿不肯接受。

豪族周嵩的女儿出嫁，他的门生拿着斧子清道，不许别人通行，因此砍伤了两个人。建康城维持治安的尉官赶往制止，这些门生胆子很大，居然连尉官也照砍不误。刘隗直接弹劾周嵩的哥哥、当时的重臣周颤，说他家风不严，不适合再担任中央高级领导的职务。为此，周颤被暂时免职。

司马睿就是和这两位心腹日夜策划，想要架空王导，把中央政府的权力收回到自己手里。重要的人事任免、行政规划都尽量不让王导参与。对这种咄咄逼人的攻势，王导表现出了退让姿态。

王导不是一个和别人做针锋相对的斗争的人。而且他虽是士族的领袖，却只是一个松散联盟的精神领袖，无法组织团结一致的抵抗措施。司马睿集团则有足够的决心，更有一个紧密的小集团，而这些王导都没有。司马睿看来轻易地在建康占了上风。但是这种上风是表面上的，他在士族的包围之中是如此孤立。等到危机来临时，没有了这些士族的支持，司马睿的力量只是一个空壳。

四、 内与外

王导选择了沉默。但是他还有另一张王牌，那就是他的族兄王敦。

王敦是晋武帝司马炎的女婿，也是当时有名的士人。王敦眉目疏朗，性格雄豪残忍，和王导的宽厚温和适成对照。当初，他和王导曾一起到王恺家赴宴。王恺这个杂种为了充分显示自己的猪狗不如，安排家里的美女给客人劝酒，如果客人不肯喝或者喝不尽，就把这女人杀了。王导酒量不大，但是不忍心让这些女人送命，就勉强喝下去，最后弄得大醉。王敦却不肯喝，美女看他不喝，悲惧失色，王敦跟没看见似的。因为他不肯喝，前后杀掉了三个女人。后来王导责备他，王敦回答说："王恺杀自己的女人，干你什么事情呢?"

他对自己的女人也不在意。有一阵，他的性生活过于勤勉，有了肾亏的迹象，周围人劝他节制，他说："这有什么难的呢?"当下就把后房的门都打开，把他的几十个姬妾尽数赶出家门。

对于他人的生死存亡，他从来略无萦怀。有人评论他说："他的眼睛像毒蜂，声音像豺狼，他不是去吃人，就是被人吃。"这样的人是那种野兽般的雄侠，他们能够成就庞大的事业，但他们即使站在事业的巅峰，眼中闪烁的也始终是残暴狒狒的红色凶光。王敦到了晚年的时候，经常在酒后咏叹曹操的诗句："老骥伏枥，志在千里。烈士暮年，壮心不已。"一边按照节拍拿如意敲打唾壶。这时，这位烈士胸中怀有的，就是狒狒想要成为群体首领的壮心。

王敦和王导一起，伴随司马睿南渡。王导留在建康中央政府，而王敦则前往长江中游作战以平定那里的叛乱。经过艰苦作战，王敦终于占领了整个荆州。广义上的荆州，并非单指首府位于江陵的荆州行政区，它还包括首府在武昌的江州。王敦就是荆州牧兼江州牧，控制着整个长江中游。

摊开东晋的地图，就会发现它的政治版图主要沿长江展开。长江是东晋的大动脉。而在长江一线的主要政区是中游的荆州和下游的扬州。荆扬二州就像东晋这个大哑铃两端的铁疙瘩。它们两个分量相当，加在一起占了整个哑铃的绝大部分。荆州扬州的户口，占了东晋的一大半。剩下的州镇，要么人口稀少，要么地处边远，在东晋全国占不了多少分量。

扬州是中央政府枢纽所在，而荆州则是“甲兵所聚”，握有雄厚的军事资源。“荆州风俗，率多劲悍”，战斗力非扬州可比。在东晋北府军成立之前，荆州的军事力量一直在扬州之上。谁控制了荆州，谁就可以在军事上傲视全国。相对而言，荆州地处上游，用水军进攻下游的扬州，更是格外省力。武昌和建康之间，没有任何强大的要塞可以抵抗东下的舰队。

王敦在平定叛乱的过程中，积攒出一支强大的军队，这支军队只服从王敦本人。这是一支可以颠倒乾坤的力量。而王敦又是充满野性、勇于冒险的人。握有大军的王敦，是司马睿的一个噩梦。

司马睿集团既然雄心勃勃地推行自己的集权方案，他就要想出办法来应对王敦。否则王敦水师一下，大家束手待毙，挨个儿被拉出去杀头，哪里还有什么改革可言？

司马睿在建康已经可以发号施令，但是这还不够，他必须拼凑出一支过得去的军队来。士族们在冷眼旁观司马睿的冒险赌博，而驻守武昌的王敦却忍受不了司马睿的集权计划。他向司马睿上书，指责他搞阴谋诡计，架空王导，是一种忘恩负义的行径。他指出，当年南渡之初，司马睿依仗他们王家的时候，曾说："我和王导王敦的友谊就像管仲和鲍叔牙的一样。"他王敦在外掌兵近 10 年，一直记得司马睿的这话。可如今司马睿羽翼丰满，就食言自肥，"前恩"就"一朝而尽"。

司马睿开始意识到，他和士族的斗争很可能要以赤裸裸的武力拼杀告终。

建康政府的军事力量单薄，而且对扬州之外的藩镇缺乏控制力量。就像大多数权力分散的帝国一样，东晋中央和地方的关系一直是一个大问题。

古代帝国交通和通信都无法和现代比拟。晋代道路情况非常糟糕，驿站也大半废弛，传递政府公文可不是一件容易的事情。比如，广州地方政府要向中央请示事情，建康政府可能要过一两个月才能收到奏章，中央政府传达回复也要花费同样多的时间。这样一来，广州出了事情，比方有土匪造反，要是刺史不能自行调集军队，一定要等中央下达指示，他可能就得干等几个月。等到皇帝旨意终于来到的时候，打开圣旨阅读的，可能已经是端坐政府大堂上的土匪头子了。如果中央政府坚持要直接控制广州，唯一的后果就是当地行政彻底瘫痪。

所以，只能下放权力，让地方长官自己去处理。中央政府只通过考核政绩来进行长期的控制。这就为权力地方化提供了基础。

光是行政权力下放，并不一定导致中央无法驾驭地方。后来的大帝国，比如宋、明，也面临同样的麻烦，却依然能牢牢操控藩镇。和这些后来的大帝国相比，东晋还有一个弱点，就是它不但无法直接控制地方行政，而且也很难控制人事。明朝能把地方各级官员都纳入同一个官僚组织，由吏部统一对他们进行选拔、调度、黜陟，封疆大吏下面的中低级官员都由中央统一调度。这样一来，地方长官无法培植真正属于自己的力量。但是，东晋做不到这一点。它的官僚机构还远没有如此发达。朝廷没有能力给地方上的刺史配置所有官吏，更不要说去调度他们了。官僚体制欠发达，是东晋最大的一根软肋。

你把权力给了地方长官，又让他有控制下属的全权，那么结果如何，不难想象。这些下属一条小命全攥在上司手里，自然会效忠于自己的长官，也就顾不上千里之外的建康政府了。随着时间的推移，广州就越来越像广州刺史的广州，而不像中央政府的广州了。

既然你把如此多的权力都给了地方长官，那么，你控制他的手段就只剩下军事了。如果中央能够拥有强大的武装力量，各行政区的长官都不敢轻举妄动，那么也可以实现一定的控制权。有枪杆子做后盾，中央要调动、任免地方长官，他又怎么敢不乖乖就范？但是东晋连这个枪杆子也不具备。司马睿南渡之后，建康政府的武力相当弱小，仅有的一些精兵又大多用于平定叛乱。这些军队渐次落入地方长官的手中。江南豪强倒是有一些军队，但是他们又怎肯白白拿去供中央政府使用呢？

如果藩镇被分割得比较零碎，那么问题还好办些。可是由于作战和管理的需要，东晋的藩镇往往规模巨大。尤其是荆州军事集团，军事力量几乎可占全国之半。所有的古代帝国，控制地方的不二法门都是强干弱枝。但在东晋，完全是强枝弱干，司马睿拿什么来恫吓地方藩镇呢？

司马睿没有别的选择，只能痛下决心，要加强中央的军事力量，遏制王敦。为此他把自己全部资本尽数押了上去。

凑巧湘州刺史出现空缺。司马睿马上安排了皇叔谯王司马丞担任湘州刺史，镇守长沙。这是南渡以来，司马家族成员首次出任藩镇。湘州地处长江中游，襟带荆州与广州，位置相当重要。司马丞可以作为一个掣肘的力量，牵制王敦东下。但湘州力量寡弱，依靠它来对抗王敦绝不现实。司马睿还要另行组建军队。

司马睿检视自己的资源，发现实在是太过贫乏。晋代的军队传统上来源于世代当兵的军户，可是在扬州并无多少军户可用，要想组建军队，还得另想办法。

当时可用的兵源主要有两个，一个是屯聚于江淮流域的流民。流民从中原逃难而来，为了自保，往往在逃亡途中组建了武装力量，由流民帅统领。他们在名义上虽然多被政府收编，但并不真正听命于朝廷。建康政府对这些独立的武装力量很不信任。他们深恐动用这些流民帅会引狼入室，酿成当年董卓入京似的灾难。此时的司马睿，还没有勇气把朝廷的命运交托给这些流民帅。

剩下的一个办法就是征发南方豪强的依附民。这个办法看上去比动用流民帅稳当些。司马睿和他的智囊团经过权衡，觉得除此之外，也没有什么别的好办法。司马睿就下令征发豪强的“奴客”。他规定了豪强按照品级，各自可以拥有多少依附民，除此之外，政府有权征发。这次征发的规模颇为巨大，总共搜刮出的兵员有数万人之多。

我们可以想象，可供征发的一定不止此数。但是政策制定是一码事，执行又是另一码事。那些豪强有多少是可以随便捏咕的善茬儿呢？你就那么容易从他家里抓壮丁？他们的力量在地方上盘根错节，司马睿能搜罗出这些人，已经是施加了相当大的压力了。

事实上，司马睿在征发军队上确实是挖空心思。四年前司马睿登基之前，有不少小吏都上表劝进，希图靠拍马屁得点好处，结果司马睿居然按图索骥，核查劝进表，把上过表的小吏通通配进军府。都说“不打送礼的”，司马睿的算盘居然打到了这些送礼的身上，如果不是过于急切，断然不会出此下策。这些人劝人当皇帝，结果人家当了皇帝，就把自己拉了壮丁，自己屙屎自己吃，背后不知要把司马睿骂上几百回。

他把征发的新军分成两部，每部各有一万多人，分别由刘隗和戴渊统领，分别出据淮阴和合肥两镇，以为首都犄角。但是这些军队有多少战斗力，实在是很可怀疑的一件事情。从来没有受过训练、牢骚满腹的奴客，加上不少义愤填膺的劝进小吏，他们上了战场，能打得赢仗么？

何况，这一切都是要付出代价的。司马睿集中权力、组建军团的代价就是他在贵族中的空前孤立。

司马睿此举彻底激怒了江南豪强。他们的人被政府拉了壮丁，没有任何赔偿，再说，这些人又是为了谁去打仗呢？为了刘隗、刁协这些坏种！谁不知道他们一门心思想对付我们这些善良地主？江南豪强一肚子怨气。

北方士族对司马睿打击豪门的政策也是抑郁不满。

司马睿征发军队也是他和王敦决裂的导火索。面对司马睿步步紧逼的军事部署，王敦终于下定决心在司马睿尚未做大之前，扬帆东下，对建康朝廷做雷霆一击。

五、 天子之死

公元322年正月十四，荆州刺史王敦向建康朝廷上了一道奏章。这道奏章就是一纸宣战通知。在奏章里，王敦说道："我身居重臣之位，当和国家同生共死。时局如此，我怎能忍心坐视危亡。事不得已，我只能进军建康，讨伐奸孽。但愿陛下能够俯察我的苦衷，马上把刘隗斩首。刘隗的脑袋早上悬挂出来，则我晚上就可以退兵。"此时，王敦的部队已经集结，沿长江顺流而下，直扑建康。

司马睿对这道奏章的回答是："谁能杀死王敦，封五千户侯。"建康和武昌之间的战争爆发了。此时，距东晋开国不过五年。

司马睿下令刘隗和戴渊火速率军援助建康，同时下令各地藩镇讨伐王敦。位处荆州上游的梁州，以及在荆州之北的豫州，都首鼠两端，按兵不发。只有湘州刺史司马丞集合军队，要北上阻击王敦。

刘隗率军进入建康，司马睿命百官迎接。刘隗意气风发，一副胸有成竹的样子。见了皇帝，他提出的第一个合理化建议就是把王家全部杀头，以正视听。

此时王导确实处于恐慌之中。他的族兄王敦忽然起事，把他抛入了一个危险至极的境地。王家人布满朝阁，占据了许多高官显职，如今王导带着王家这些高官，一行二十多人每天早晨入朝待罪。此时王导心中充满恐惧，再无往日从容之态。

司马睿犹豫了。

看到在皇宫外光着脚请罪的王导，司马睿也许想起了南渡之初的那些岁月。没有王导的苦心经营，衷心翼戴，司马睿也许根本走不到今天。在那些岁月里，司马睿表白说他和王导有着牢不可破的友谊。如今，友谊的光彩已经暗淡，但是往日的印痕依旧留在司马睿的脑海之中。

而且，从政治角度出发，如果诛杀王导，势必会导致对政坛进行一番大清洗。司马家族和士族之间的裂隙恐怕再也不能弥合。这正是刘隗想要的。他希望借这个机会，把士族彻底击垮。但是司马睿却无此勇气。大臣们向司马睿送来了奏章，语气强硬地为王导请命。这些奏章也让司马睿退缩。他知道自己已经失去了士族的忠诚，但却并不想走出这决裂性的一步。

司马睿进行了激烈的思想斗争，最终决定宽恕王导。他派人给王导送还了朝服，并召见了他。王导磕头道：“逆臣贼子，哪朝哪代没有。不料今日竟出自臣的家族！”司马睿握着王导的手说：“我正要把朝政委托给你，你怎么能说出这样的话？”

王敦留下两万军队进击长沙的司马丞，主力部队则势如破竹，一路几乎兵不血刃，兵锋直抵建康，沿途没有遇到任何重大抵抗。东晋士族豪强对司马睿政权缺乏好感，对王敦叛乱大抵是持默许态度。司马睿意识到自己被士族抛弃，决心抖擞精神，挽回局面，重新赢得士族的好感。他委任王导为前锋大都督，北方士族周顗为尚书左仆射（副总理），实际上取代了刁协的职务。同时任命南方豪强周札驻守建康外的石头城要塞。刘隗的军队则被部署在建康外围的金城。

司马睿暴露出了他软弱犹疑的一面。他第一次感到法、术、势并不像书本上写的那样容易驾驭。他一直要压制士族，树立皇权。他也明确地知道这可能导致决裂。但是当危机如期而至时，他却忽然退缩了。他要重新团结这些士族，可是为时已晚。

横在王敦军队和建康城之间的，只有一座要塞石头城。在这里的战斗将决定战争的胜败。王敦命前锋进攻石头城。守将周札忽然开门迎降。王敦没有经过任何战斗就占领了建康的门户。

司马睿没有选择，只有命令全部军队进攻石头城。刘隗、刁协、戴渊等人的军队向石头城发起了总攻。可是司马睿征发的军队不是荆州劲卒的对手，总攻宣告失败，军队彻底崩溃。这是建康政府和王敦之间的唯一一次大规模战斗。建康裸露在荆州军队的面前。

知道石头城战败的消息后，司马睿明白了自己的命运已经无可改变。他脱下了战衣，派人对王敦说："如果你还不忘晋朝，那么请马上息兵。如果你有别的打算，我回琅邪故乡为你让路。"王敦对司马睿的话没做任何回复。

刘隗、刁协逃奔入皇宫。司马睿在太极殿召见他们，他握着两人的手，痛哭流涕。他为这两个心腹准备了人马，命令他们马上逃走。逃亡路上，刁协的跟随者四散奔逃，刁协只能一个人徒步行走，在江边被追赶上来的人杀死。刘隗运气好一些，他成功地逃脱，投奔北方羯人的后赵帝国，后来死在北方。

司马睿并不比他的两个亲信更安全，他连逃亡的可能都没有。王敦将他幽禁宫中。

七个月后，司马睿黯然死去。他的死亡是一个谜，是王敦让人暗杀了他呢，还是他死于心碎？他死亡的真实原因我们已经无法考知。但是千载之后，我们似乎仍旧能听到东晋的这个开国之君在深宫中发出的深深叹息。

帝王与士族的决斗结束了。

六、结局

王敦获得了全面的胜利。他对敌人进行了血腥的报复。戴渊、周顗均被处死，湘州刺史司马丞兵败被杀。接着，他又消灭了在建康和武昌之间首鼠两端的梁州刺史。王敦握有了帝国的最高权力。

士族们曾把他视为自己中的一员，支持他对皇权的挑战，为他打开了建康城的大门。但是他们此时恐惧地发现，王敦有可能建立军阀统治。士族们不希望颠覆皇权，更不希望出现军事独裁，他们想要的依旧是那个松散的士族联盟帝国。

他们很快聚拢在司马睿的儿子，当今的天子司马绍的周围。他们策划了一场反击王敦的新战斗。局势的变化使皇权对他们不再具有威胁，倒是王敦成了他们的敌人。

此时已经没有军队可以动用。他们不得不使用流民帅的部队。他们和江北的各个流民帅结成了联盟，准备和王敦进行决战。王敦再次率军进攻建康。但在大战开始的前夜，王敦病死。荆州军和士族与流民帅的联军苦战，终于被打垮。王敦的势力彻底消失。

但是使用流民帅也要付出代价。司马睿对这些流民帅的担心不是空穴来风。王敦集团被消灭后，很快就爆发了流民帅苏峻的叛乱。苏峻一度攻占建康，士族和将领们倾尽全力才将叛乱平定。

在皇帝、权臣和流民的混战中，真正得胜的是士族。帝王、权臣和军阀互相吞噬，士族作为一个整体，却逐渐登上了权力的巅峰。

司马睿的变革及其失败决定了未来的东晋政局。司马家族没能成为东晋的最强者。权力被士族们牢牢掌控，他们中的领袖，王家、桓家、谢家依次成为帝国实际上的最高权力人物。但是即使是他们，也不能如臂使指地操控政治。

因为帝国归士族联盟所有。

这些士族在享受胜利果实之余，也要腾出手来，对付外来的威胁。北方始终处于外族之手，那里随时可能酝酿出一场暴风雨。而当暴风雨终于来临的时候，建康的士族们却有着惊人的好运气。暴雨变成了熏风，一切只是有惊无险。

他们自己也未必明白这个好运气是怎么来的。

第三章

一场奔跑摧毁了一个帝国

——离奇荒诞的淝水之战

一、97万

公元383年，前秦皇帝苻坚决定倾全国之力，征服东晋王朝。这个消息对东晋政府来说，当然是个噩耗，对前秦的老百姓来说，也是个灾难性的消息。苻坚下令在全国范围内，按照每十个男丁抽一个的比例征发军队，而且要把全国的马匹，不管是公家的还是私人的，一律征发供远征军使用。

从数字上看，征发的结果是喜人的。总共凑出了97万军队，其中骑兵有27万。此外，苻坚还征募了富家子弟3万人，充当仪仗部队。

单看这些数字，远征前景不是小好，而是一片大好。按照道理来说，差不多应该是有征无战。东晋全国人口估计也就是三四百万，打仗的士兵不过十来万人。东晋军队看到这100万人浩浩荡荡开来，应该集体被吓破苦胆，束手投降才对。但是战争的结果完全不是这样。这说明在数字背后有很多隐蔽的事情，需要我们仔细分析。

苻坚曾经统计过前秦帝国的人口，得出的数字大约是1600万。刨掉女人和老弱，男丁数量至多不过六七百万。如果十丁抽一，是抽不出97万军队来的。这97万人里面应该还有不少的常备正规军。无论如何，可以料想，这个十分之一比例的征发，执行得一定是相当彻底的。

我们光知道征发了多少多少人，可到底征的是谁呢？要知道，这个可不是什么好差使，不像考公务员，大家挤破头竞争。比方本来你正在陕西老家，下了班正坐那儿抽烟打麻将，忽然有人跑来塞给你个大铁枪，说是要让你去江苏打仗，你一定不会欢欣鼓舞，为王前驱。所以不难猜测，有点手段有点关系的人一定会尽量避免给算到那十分之一里去。

中国历史上，不止一次进行过举国征发以做大规模战争之用。200多年之后，隋炀帝为了讨伐高句丽，曾经做过更大规模的征发。第一次远征高句丽就征发了100多万军队和更多的运夫。

秦始皇和汉武帝那时候，也大规模征过军，秦皇汉武征军都是优先考虑以下几种人：失足干部、流亡者、倒插门的女婿、做生意的小老板、转业的小老板、小老板的儿子、小老板的孙子，称为七科谪（吏有罪一、亡命二、赘婿三、贾人四、故有市籍五、父母有市籍六、大父母有市籍七）。很明显，这些都是社会的下层人士，按照现在的说法，是弱势群体。

当时是农业社会，被征发的人平时多半没有受过什么军事训练。他们一般都是握惯锄头而不是刀柄的人。很多人可能一辈子没有参加过任何战争，忽然拿上大刀长矛，要去杀人，这自然带来了很多问题。孔子曾说："以不教民战，是谓弃之。"意思就是让没经过训练的民众去打仗，无疑是送死。但是中国千百年来，多是用这种民众来打仗。

没有经验的士兵，置身在战场上，往往就像一只受惊的兔子一样，精神高度紧张，无法控制情绪。历史上有无数的军队莫名其妙地瓦解，多半就是这种新兵过于紧张造成的。当然，领导上一般会安排大刀队来督战，看哪个士兵想逃跑就上去给一刀。但是这种督战法也不是总有效，如果惊恐在军队中雪崩似的扩散，那什么大刀队都挡不住。那些士兵就像一帮炸了窝的野马，谁敢阻挡，通通踩死。历史上不少大将都死于自己士兵的脚下。

中国历史上，一说到打仗结局，往往都是说，某某方溃败，这个“溃”说明了很大的问题。很多战争不是大家血拼到底，气力不支，才告败退，而是刚有吃紧，或者还没来得及吃紧，士兵就一哄而散。逃跑路上被人追上杀死的，往往大大多于作战身亡的。

战争总是非常血腥残酷的，不要说习惯交粮纳税的本分农民，就是普通军官，也很容易惊慌失措。东晋王朝的将军司马流，在参战之前就异常惊恐，以至于吃烤肉的时候找不到自己的嘴在哪儿，结果打仗的时候被杀身亡。普通士兵的内心惊恐可想而知。

对于古代将军，如果手下都是久经沙场的老兵，那么还好办些。如果不是，他最重要的任务不是怎么策划计谋，怎样巧妙打击敌人，而是怎么把手下士兵拢在一起，不发生混乱。按照当时的技术条件，这是一个很艰巨的任务。

苻坚征召的百万大军里面，必定隐藏着很多这样惊恐万状的小兔子。他们中的不少人很可能一辈子都没到几十里以外的地方去过，也从来不知道怎么样瞄准射箭，现在却要跑到几千里外和一些陌生人生死相搏。

不过，前秦的情况多少有些例外。这 97 万人里也不会都是这样的小兔子。当时是中国战乱很频繁的一个时代。几十年来，汉、前赵、后赵、冉魏、前燕，短命王朝前仆后继地倒下，中原和关中都曾是逐鹿天下的战场。当时的老百姓对战争，应该不像现代人这么陌生。前秦时代的中国北方，有很多外族人，鲜卑人、匈奴人、藏族人等等，苻坚征发的军队里，这些外族人占的比例相当大。按照我们的猜想，这些游牧民族出身的人上了战场，应该更勇敢些。而且这 97 万部队里面，一定还有很多各族自己原有的杂牌部队。但从另一方面讲，这些家伙肯为前秦出多少力，也是相当可怀疑的事。

二、 军营里的劳改犯

要想了解晋朝士兵的状况，还要从当时的兵制说起。从三国时代起，中国就开始实行军户制度。就是说，你要是个兵，你就要加入兵籍，一辈子也不可能转业了。不光你不能转业，你死了或者退休了，你儿子还得接班，不接都不行。不接犯法。

中国人的职业继承制度长盛不衰。这种制度，一般都要把一些比较特殊的人群划成另册，严加管理，好让他们世世代代干自己的本行，不能和其他群众混为一谈。比方当兵的、唱戏的、运粮的，往往都被划入另册。到了明朝，这种制度制定得就非常专业，比方有一种家庭，被称为“女户”。他们的功能就是给皇宫生女人。他们不用交税纳粮，只要上缴个闺女就行了。生的是小子？那不行，上外头买去！不然跟抗皇粮一个罪名。再有，你家里要是干木匠，那可能你就被统计到木匠户里去了，过了几代人了，皇上有木工活，也许还来找你家。你要说到自己这代已经改铁匠了，不会木工活了，那可不行。你照样得给皇上刨木板去，不然你自己去找一个木匠顶你。

身份世袭的制度，现代中国人其实都不陌生。就在几十年前，大家填简历的时候还要写明成分，明明自己现在是个捡垃圾的，也要老老实实写上“地主”，就因为自己祖上使唤过长工。至于工厂接班制度，退出中国历史更不过是十几年前的事情。

并非只有中国有此习惯。古代的许多帝国都曾经实行这种制度，比方说古埃及，职业也是世袭的，而且划分的精细程度不亚于中国。

大家可能不明白，国家为什么要这样搞呢？对政府来说，这样自然是有它的道理的。首先，它能带来两个好处：一个是能保证一直有相当数量的人干这个行当；再一个呢，这样管理起来很方便。比方说，领导需要盖房子，就不用满大街现拉人了，拿着户籍一查，木匠瓦匠就都有了。还有一点呢，就是领导可能认为职业世代相承，技术水平应该能有保证。

就魏晋时期而言，军户制度主要还是为了保证有足够多的军人。汉朝的军人都是普通老百姓，该服兵役了就到军营报到，服役完了就接着回家种地。但是到了三国乱世里头，军人是很宝贵的资源，尤其是那些久经沙场的老兵，决不能让他们轻易逃出政府的掌握。所以，政府不会允许他们打完仗就回家，而是给他们上了特殊户口。军人职业化猛一听好像是个好主意，职业军人的作战水平应该高于临时士兵，农户应该是打不过军户的。初期的时候似乎也的确如此，曹操手下军队的作战能力，就高于东汉的军队。但是事情到后来，就发生了很大的变化。

这就需要考察一下军人的待遇问题。

魏晋伊始，军户的待遇还算凑合。但到了后来，军户的处境越来越坏。

这些军户说是军人，但他们可不是除了操练什么都不干，每天走走正步就领薪水。平时，他们要忙的活计可多啦。

如果你不幸属于军户，那么，首先，你要努力种地，种出来的粮食要给国家交很重的租子。比方说，在西晋时代，你如果用了公家的牛耕地，你要上缴八成粮食给公家；如果用的是自己的牛，也要上缴七成，剩下的三成才是你们全家的口粮。如果条件允许的话，你可能还要养猪、放羊。如果在南方，你可能要打鱼。要是你的领导比较负责，农闲的时候你会被叫去参加训练。如果你的领导是个坏蛋的话，你可就更惨了。你可能要给领导抬轿子、盖房子、看大门。更过分的领导甚至会让你跑码头做生意。等到要打仗了，那么不消说，你要扛上你的枪去战场杀人，或者被杀。如果你光荣战死沙场，政府将接管你的老婆，把她随机许配给某一个光棍。

你就是这么一个苦人儿。

你这么着拼死拼活地干，能得到啥呢？得到的就是政府拨给你的一块地，是政府偶尔给你拨发的一点口粮，如果你要去出征，兴许政府会向你提供出征期间的口粮。此外还有一个好处，就是政府可能给你分配一个媳妇。政府之所以要强制拿寡妇配人，也是为了保证军户都能娶到老婆，以便生出小军户来接班。

这样的生活，比起一般老百姓来说，也是颇有不如。很快军户的社会地位直线下降。一般老百姓都看不起军户，把他们看作一群下三烂。官府自己也把军户看作贱民。当时对罪犯的处罚，经常就是全家罚为军户。如果某人作战勇敢，立了战功，政府有时候就会褒奖他，让他的子孙免除军户身份。政府此举，等于公开宣布军户等于劳改农场里的劳改犯，改造得好的话提前释放。

这样的军户，其实跟国家奴隶差不多。如果让军户自由选择，只怕军营里都会跑空。所以，政府只能靠严厉手段来确保他们不敢逃跑。曹魏的法令规定：军户逃亡，抓到杀头。他亲属不去组织抓捕，不报告官府，也一并杀头。如果报告，可以不杀头，但也不能轻饶，全家要罚做奴隶。这些军人的家属就是政府手里的人质，军人想要逃跑的时候，考虑到家里的妻小，就不能不掂量掂量。不光军人本人不能逃亡，他的孩子是未来的军户，皇上的宝贵财产，如果逃跑，军户全家也要受株连。

政府对军户的婚姻问题如此上心，一方面确实是考虑要保证军户的繁衍，一方面也是要给他添个人质，好拴住他。再说，他老婆孩子还能给公家干活呢。也是在曹魏时期，政府甚至一度在全国搜罗寡妇，把她们集中起来分配给军户当老婆。至于她们本人的意愿，政府认为并不重要。

这种株连是古代政府的一贯作风。尚书仆射（副总理）毛玠对这个法律不满，发了些牢骚，说天不下雨，就是因为这个法律太不人道了。皇上听到后把他下了大牢，让司法部长钟繇来审问他。钟繇怒斥他说："搞株连是我们中国的传统美德。自古圣明皇帝，都搞株连。《尚书》里都说：'左不共左，右不共右，予则孥戮女。'（翻译过来的话，大意就是说，你，不好好干，我杀你全家！）你为什么要诽谤这个良好制度？"

这种制度下，军户子弟的前景很不乐观。《晋书·赵至传》里讲的就是这样一个军户子弟的故事。

赵至出身军户，他的父母却送他读书，希望他能好好读书，摆脱军户身份。他在教室里读书的时候，听到自己父亲在外面牵牛上田的吆喝声，就痛哭流涕，老师问他为什么，他就说："我年纪小，不能'荣养'父亲，老爸还得牵牛种地，所以我悲痛万分。"但是他是军户出身，到了岁数也得当兵，怎么"荣养"老爹？读书读得再好也没用。

拿破仑说“每个法国士兵的包裹里都有一个元帅的权杖”，意思就是说：每个士兵好好干，都有当上元帅的可能。但在当时中国，军户的包裹里可没什么元帅权杖，有的只是霉干粮。赵至要想出人头地，只能脱离军户，靠读书混出个名堂。但是他又不敢逃跑，如果逃跑，他的家庭就要按照当时的“良好制度”受到严惩。按惯例，赵至到了16岁就得光荣参军。于是赵至在15岁的时候，决定装疯。等到大家都觉得他确实是个疯子了，他就逃亡到了辽东。一个未来的士兵逃亡，对皇上是个损失，但是一个现行的疯子逃跑，皇上没有蒙受任何损失，可能还减少了一个负担。所以也就没人追究。

赵至到辽东以后，开始踏上仕途。后来一直干到州部从事（相当于厅级干部）。虽然他也成了领导，但是如果他被发现出身军户，他的仕途会大成问题。这等于向组织隐瞒成分，躲避兵役，一旦被揭露很容易被清除出干部队伍。赵至当然可以说他的疯病到了辽东，因为水土好的缘故，不治而愈。但是领导又怎么会相信呢？所以他的父母依旧不敢和他相认。等他知道自己的母亲病死，而自己却没能尽到任何孝道，感到非常内疚，很快也吐血死掉了。

这些军户是官府的财产，按理说皇上应该优待他们，让他们保持一定的斗志。但是自古以来，就有一条规律，越是被官府控制得牢的人，官府就越忍不住拼命欺负。看着一群能随便欺负的人，而忍住不欺负，这对领导们的道德要求实在有点过高。

不过他们毕竟是皇帝的财产，皇帝对此还是有所认识的。皇上确实颁发过一些旨意，说要对军户给予一定优待。但是皇帝天天坐皇宫里喝茶，真正管事的是那些军队领导。这些军户是皇帝的财产，不是这些领导的财产。这些晋代军头对手下军户的照顾，肯定也好不到哪里去。这也不是因为这些军头格外坏，而是一个很简单的利润折算问题：既然不是自己的东西，当然使劲用，变着花样用，用坏了拉倒。皇上即便有极大的决心，也很难拗得过如此众多的军队头目。何况天长日久，皇上本人也产生了懈怠。再加上两晋时代，皇上对官员本来就不大管得了。各种积弊也就自然越来越严重。

刘宋时代的大臣沈亮在奏章中说道："我看到军府中士兵，快80岁的老人，还被领导叫去使唤，才7岁的孩子，就已经开始为官家干活。那些老人，气血已经衰耗，那些孩子，身体还没有发育。让这些老弱从早到晚地勤苦劳作，实在是有悖人理。而官家从中得到的好处，实在也是微不足道。按照规定，60岁以上的老人，15岁以下的孩子，都不应该服役。请陛下优容。"皇上的回答是："我明明已经让人去改革了，怎么现在还是这样？好，我下文件再催催。"

这些被当成国家奴隶一样看待的士兵，到底能有多强的战斗力，当然是很值得怀疑的。

尽管政府拼命控制这些军户，但是军户的数量还是在下降。晋朝政府为了补充军户，把劳改犯、私人奴隶、被检举出来的逃亡农户，都扫进了军户里头。这些社会最底层的人都变成军户，只会让军户的纪律更加涣散、战斗力更加低落。到了晋朝后期，军户在军事上已经派不上什么大用场了。军户越来越不像捍卫皇上的钢铁长城，而是一个变相的劳改农场。如果东晋指靠这些军户，只怕苻坚的军队就会轻松拿下建康城。

三、 难民变出来的军队

东晋时代，南北对峙，经常有军事战争，这些军户既然指靠不上，东晋很快就另辟蹊径。

西晋覆亡后，北方很多流民进入南方。这些流民有的进入长江以南居住，这些人大多成为士绅地主的附庸，给他们种地缴租，变成了普通老百姓。但还有很多流民，留居在长江以北，东晋政府在初期，对这些流民颇为防范，总觉得这些人不是安分良民，因此尽力把他们隔绝在长江之北。

这些流民和那些跑去给大户种地的流民有很大不同，主要是他们有自己的组织，有自己的武装。

逃难可不是一件容易的事情。这些流民就跟美国西进时代和印第安人抢地盘的牛仔一样，处处面临危险。大家逃难的时候，总是把最好的衣裳穿到身上，最值钱的东西藏在包裹里，这就成了打劫的最好目标。乱世里又土匪横行，碰上土匪，给剥个精光，扔到路边，那是常事。

乱军也是所在即是，看见难民抢劫一把，那也是他们的本分。除了土匪和乱军，连晋朝政府官员都打他们的主意。比如当时东晋的西阳王司马羕就让手下冒充山贼，在湖北公然劫道，打劫这帮流民。干这个无本买卖的可不止一两个黑心王爷，这买卖几乎成了一个很有前途的朝阳行业。连大名鼎鼎的祖逖，那个北伐的将军，也干过这个。祖逖刚到江南的时候，没什么财物。一天，他请了很多高级官员到家里去做客，陈列了好多宝贝。祖逖自己介绍说：大家不要吃惊，我不过是昨天偶然到南塘（秦淮河南）干了一票。也就是说，祖将军到南塘抢了一把难民。这些高官听了都不言语，也没说“下不为例”什么的，好像祖逖干的只是很平常的“三产”似的。

这里大家也不要过多责怪祖逖，祖逖后来率军北伐，死在河南，当地人给他立祠堂，很多人给他烧香敬拜。按理说他应该也不是什么坏人。干这个实在是因为诱惑太大。一群肥羊躺在外头，怎舍得白白放过？反正手里有刀有枪，抢了也白抢，白抢谁不抢？至于这些羊给抢了之后会不会有生活困难，谁管得了那么多呢？

难民之间也会互相抢劫。每次北方政权崩溃，往往都会制造大量难民，这些难民有的往南，有的望西，道路交错，彼此杀掠。没有武装的难民很容易就成了同类的牺牲品。

再加上还有吃饭问题。没有组织，单身逃亡，极易沦为饿殍。

南下的路程也许只有几百里地，但这几百里很可能是个死亡之路。史书用华丽的文笔记载说：当时的动乱，使得白骨遮蔽了平原，千里之内看不到炊烟。这些白骨，往往就是那些被杀死被饿死冻死的难民留下的。

很多流民对危险的反应和美国西进车队差不多。他们在首领的指挥下，把自己组织了起来，管你是谁，谁敢跑来抢东西，我就跟你拼到底。这些首领就成为“流民帅”。这样，这些流民也就成了相对独立的武装力量。东晋政府为了收编整顿这些武装流民，下了很大的功夫。

东晋早期，由于处理不当，激化了矛盾。公元327年，一个叫苏峻的流民帅曾经起兵造反，甚至拿下了建康城。这些流民对政府似乎有很强的仇恨心理，在建康大行劫掠，欺辱官员。一年后，这次动乱才被镇压下去。

南下流民，多是经过动乱，练就了一些本领的人，用文言文来说，是“人多劲悍”。他们比那些一辈子在家种地缴租子的人，确实更能打。如果不用他们作战，实在是大为可惜。另一方面，如果不好好吸纳这些流民，处置那些流民帅，苏峻之乱就是一个榜样。因此，最好的办法就是收编他们。

公元377年，谢玄在京口收容大量北方流民，建立新军。因为京口又称北府，故这支新军就被称为北府军。史书上有关北府军的记载非常简略，导致现在大家对北府军的说法往往有很大分歧。但总的来说，北府军主要是收编的流民武装。那些流民帅在谢玄的领导下，继续指挥这些流民。

北府军士卒是募兵而非军户。既然是募兵，他们的待遇必然高于那些军户。而且他们应该有一定的人身自由。理论上来讲，募兵在约定的时间结束后，可以离开军队。他们和政府的关系应该像现代的劳资关系。但我之所以说“应该”，是因为实际情况很可能并非如此。政策执行下来，总是不像理论中那么冠冕堂皇。

北府军创建10年之后，北府将领毛璩为了补充自己的兵员，就去围攻一个难民营。这个难民营处于湖泽草地之间，不好进剿。当时恰好大旱，毛璩认为是个放火的好天气，就把难民营四面围住，放火烧野草。难民们没有办法，只能钻出来投降。毛璩就把这些人收编到自己麾下。这些难民从此光荣地成为北府军的成员。

不管怎么说，这些北府军的待遇确实好于一般军户，而且他们的激励机制也更合理一些。这些“人多劲悍”的流民，本身又是比较好的士兵坯子。因此，北府军的组成，大大提高了晋朝的军事实力。

政府维持一支募兵队伍，肯定比维持普通军队花费更大一些。但是这么干是值得的。由军户组成的军队就像一个劳改队，需要的是严厉的劳改干部。由募兵组成的军队则多少更像一个企业，需要的是一个称职的 CEO。谢玄就是一个称职的 CEO。在他的整顿下，北府军很快成为晋朝最精锐的部队，很可能也是当时整个中国最精锐的部队。

就在谢玄组建北府军之后的第六年，淝水之战开始了。

四、 大有大的难处

平心而论，苻坚在十个男丁里征发一个，这个比例在当时并不算过高。比这更高的比例也不罕见。但是苻坚是在整个前秦帝国的范围内搞征发。从河北到四川，从山东到甘肃，都要按此比例征发。这就会产生巨大的问题。

如果只看数字，一个 100 万人的小国征发出 10 万军队，和一个 1000 万人的大国，征发出 100 万军队，它们的力量会有 10 倍的差距。但其实远不是这样。这里有一个组织成本和后勤补给的问题。

大家可以先看一下这些士兵怎么赶赴战场。

当时没有铁路和卡车，也没有那么多马车给这些士兵坐。这些士兵赶路只能靠两条腿。正常情况下，一个人如果什么都不拿，空着手走路，一天走 8 个小时，公路又修得特别好，那么他也许能走 40 公里。但是作为士兵，他总要带些随身物品，路也未必那么平坦。按照历史资料的说法，古希腊的亚历山大大帝的军队一天能走25公里左右。罗马帝国的军队一般也能走出25公里，特别快的时候，甚至能走30公里以上。但是前秦的军队不是古希腊经过长期训练的职业军人，他们能走出20公里已经相当难得了。而且当时正逢乱世，估计道路也不会被维护得很好。要是碰上过河，就更傻眼了。没有桥的话，就只能等渡船。好，我们把这些困难都忽略不计，一个西北士兵要赶到淮河流域，也要花上俩月的时间。

苻坚进行的战争准备相当仓促。七月份，他下达了征发令。按照常理，这个法令要花一定时间才能下达到全国各地，然后当地的官员又要花相当的时间去执行，那么，总也要将近一个月的光景各军才能整装待发。

但是苻坚觉得时不我待。八月份的时候，前锋部队已经开拔。紧接着，苻坚从长安出发前往战场。主力部队随之陆续开拔。九月份，前锋部队到达淮河流域的颍口，苻坚中军到达项城（河南沈丘）。战争已经正式开场。

这个时候，是否各地军队也都到达指定战场了呢？我们算一算时间就知道当然来不及。甘肃的军队八月份能够集结完毕就不错了，如果要进军到项城，没有两个月时间是很难办到的。九月份的时候，他们肯定是到达不了项城。果不其然，按照历史记载，苻坚到达河南项城的时候，甘肃的军队才刚刚到达咸阳。八月份随苻坚出发的部队应该主要就来自于陕西附近，远一点地方的人根本赶不来。

全国各地的军队正往集结地进军，战争已经开始。而还没等他们到达，战争已经结束。他们的全部作用就是在中国北部奔走，消耗了大量粮食，堵塞了各处道路。

为什么苻坚这么着急呢？为什么他不等大军都集中到一地，然后统一出发，发动雷霆一击呢？不是他不想这么做，而是他根本办不到。这就回到了我们刚才的说法：100 万军队发挥的作用并不简单的就是 10 万军队的 10 倍。

大家可以设想一下，在古代的技术条件下，把 97 万军队集中在一地会是什么概念。97 万军队如果走在一条大路上，即便这条大路十分宽阔，能容纳 20 人并排行走，队列又排得密密实实，那么整个队伍也要拖出 50 公里以上。走在后头的部队根本就不知道前头发生了什么事情。这是无法操控的可怕状态。

而且这 97 万人一起行进，补给也根本不可能供应得上。晋代中国人口非常稀少，整个山西省的在籍人口，也不到 97 万。大家可以想象：如果现在整个山西省的男女老少全部出发，排成一个队列，向江苏挺进，那会给沿途造成多大的压力。沿途需要多少个饭馆和酒店，队列本身又需要携带多少辆运输车，才能让这些人几个月内都有饭吃？

所以唯一的办法，就是分兵而进。古代战争中，经常说是兵分几路，这可不光是为了实施某种军事计谋，主要原因往往倒是因为集结在一起实在太困难了。

如果这 97 万军队分兵而进，然后集结在同一战场，又当如何？答案是：那也是做不到的。首先牵涉后勤问题。同时向聚集在一起的 97 万人输送粮草，这个要求大大超出了当时的运输能力。关于后勤问题我们在后面再讨论。我们先看一个更严重的问题：在战场上怎么调度这 97 万人？97 万人摆成阵形，总要绵延出相当距离。当时没有无线电，作战之际，指挥官如何向这 97 万人下达命令？一个低级军官又如何得到作战指示？如果这个庞大队列某一部分发生骚动，指挥官又该如何制止这个骚动，不让它蔓延开来？

世界古代历史上，从没有将百万人投入同一战役的例子。没有哪个指挥官敢担当这样的任务。这不是军事资源的问题。哪怕你能动员 1000 万的兵员，你也不可能把 100 万人编成一个阵形，投入战斗。

5 万人的部队和 1 万人的部队对垒，当然可以占有极大优势。如果指挥官比较能干的话，10 万人的部队和 5 万人的部队对垒，仍旧可以占有很大优势。但我们不能再如此简单推演下去。随着军队规模的增长，它的组织管理成本会陡然增高，到了某个拐点之后，再增加士兵，就不再给军队添加任何战斗力，反而是个累赘。这个拐点在不同时代，或者碰上不同素质的指挥官，都会有很大的不同。但是在古代，97 万这个数字肯定已经大大超过了这个拐点。这是一个很简单的事实，但如果我们不理解这一点，就不大能明白古代史上的大规模战争的性质。

那么苻坚使用这些部队的办法不外乎两个：一个是分成各路独立的军团，沿国境线多处攻击。一个就是把大军分成几个梯队，第一个梯队倒下了，第二个梯队接着上。这样的使用，就使兵力上的优势打了一个很大的折扣。最后结果证明，苻坚的这次战争，这两种方法都没派上用场。主战场的胜负决定了一切。这 97 万人的部队大部分根本没有派上任何用场。

如果我们更仔细地考虑一下后勤问题，就会发现，苻坚的这次征发面临何等的困难。

一个庞大帝国能生产出很多粮食。但是如何把这些粮食运输到指定地点，是个很棘手的问题。皇上如果要在某地集结部队，发动大规模进攻，他从哪里搞到粮食呢？皇上的地盘可能很大，但是远一点的粮食，就很难运到指定地点来。他能利用的也就是周围那一块地盘的物资。

大家可以设想一下，如果用人赶牛车从北京运输一车粮食到上海，这个成本会有多大。3000 里的路程至少要走两三个月。这两三个月里光是赶车的人就要吃上百斤的粮食。而牛还要吃大量的草或者饲料。把这些成本折算进去，这些粮食能支付来回路费就很不错了。要是再加上住宿费，那就一定要折本。如果没有牛，靠人拉，那么情形就会更加尴尬。可以料想，哪个具备健全思维的人会这么胡来呢？

隋炀帝征伐高句丽的时候就发过神经。他在全国征发了 60 万“鹿车夫”来运粮食。两个车夫推一个架子车，车上能装 3 石粮食。路途太远，这俩车夫路上忍不住要吃东西。结果等他们把车拉到地方，这 3 石粮食往往被吃个精光。把一个空架子车拉给官家，像什么话？所以这俩人只能逃跑。没有史料描述苻坚从哪里搞粮食，但我们可以大致推测，运输成本肯定非常巨大。大量的粮食被白白消耗，没有派上任何用场。在古代，任何一个庞大帝国要征发全国力量，都会出现同样的问题。

解决这个问题的一个办法就是尽量走水路。如果走水路，运输成本可以大大降低。几个人划一条船，就能运输上万斤粮食，速度比牛车还可以快很多，再说船又不用吃草。

历代中国皇帝都非常重视漕运，因为这确实是他的命根子。隋炀帝费了那么大力气打通京杭大运河，并不是为了在上头划龙舟，而是为了减少运输成本。但是那些通不了水路的地方，就无法享用这种方便。

问题不仅如此。即便皇上把粮食都运到了指定仓库，也还有麻烦。军队是要行进的，不能守着仓库干靠。所以行进中还要保证粮食随时供应得上。

恩格尔教授（D. W. Engel）曾经对亚历山大军队的后勤做过详细分析。这种分析有很大的参考意义，值得在这里简单介绍一下。恩格尔教授的结论是：如果沿途没有补给，只靠军人自己携带粮草，那么他们最多可以维持 9 天。当然，军队可以带上牛车马车，但是拉车的牛和马也要吃东西。按照他的计算，你带上再多的牛车马车拉粮食，也只能走出 12 天。

中国军队和亚历山大的军队不大一样。亚历山大的士兵携带的盔甲装备就有 44 斤重。中国士兵没那么娇情，装备重量至少可以打个对折。考虑到这一点，他们可以走得更远一点。但是再远也终究有限。

恩格尔教授的模型当然是个简化了的模型。哪怕你是在敌国行进，一路上也不会什么粮草都找不到。但你要是把这个模型告诉苻坚，他听了多半也不会很吃惊。做些修正以后，我想苻坚是会赞同恩格尔教授的结论的。

苻坚在部署军事计划的时候，脑子里可能也会浮现出和恩格尔类似的想法，所以他得让主力部队尽量不远离黄河、颍水、淮河等河流。离开了水路，几十万军队的补给马上就会变成让人头疼的事情。

苻坚掌握了一个很庞大的帝国。从数字上来看，他可以动员大量的人力物力。可是由于上面说的这些限制，这些人力物力大部分都无法真正发挥作用。他可以发动97万人参军，也可以让各地的粮食都往战区拉。但是几十万人白白地在路上奔走，数以万吨计的粮食白白地在路上消耗，或者干脆堆在后方。整个帝国骚动起来，付出了很大的努力，可是这些努力里只有一小部分能够发挥作用。这就应了王熙凤的话：大有大的难处啊。

五、走向终点

从史料上来看，苻坚是一个优秀的君主。晋朝的任何一个皇帝都远远不能和他相比。他在公元357年杀死了自己的堂兄苻生，登上了皇位。苻坚的前任苻生，被史书描述成一个坏得出奇的人。据说他随身携带刀斧铁锤之类的凶器，见谁不顺眼就上去给一家伙。而他看不顺眼的又非常多，倔强的人他杀，拍马屁的他也不饶。他的妻子、舅舅都被他杀掉。朝廷高官更是几乎被杀光。

这个人还是个虐待狂。他和东吴的孙皓一样，喜欢剥人的脸皮。但他更进一步，还要让这些剥掉脸皮的人表演歌舞给他看。想想那个场景就让人毛骨悚然。他还让宫女和羊性交，看看会不会生出怪物来。苻生坏的程度，已经大大超出一个正常人的想象。所以有人对相关史书的真实性表示怀疑，说“秦人不死，足以证苻生之诬”。

苻坚杀死了这个臭名昭著的暴君，开始了他20多年的统治生涯。苻坚执政后表现出了卓越的才能。他上台的时候，前秦还只是陕西的一个地方政权。而等到本章故事开场的时候，前秦已经征服了整个北中国。

苻坚是氐族人。这个民族带有现在的藏族血统，在当时是个小民族，占据关中也不过是最近的事。苻坚是一个胸怀宽广的人，没有民族间的偏见，所以也才能把一个小民族发展成为整个北中国的统治者。他不顾族人的反对，任用汉族的大臣王猛做他的宰相，把极大的权力交托给他。而王猛也证明了自己是一个卓越的政治家。他在前秦搞了一系列改革，迅速地把这个小国变成了一个强大的政权。

公元370年，王猛率领前秦军队进攻前燕。前燕占据中原，是当时的头号强国。前秦本打算进行一次边境战争，却一下子彻底消灭了前燕的主力，意外地灭亡了前燕。三年后，前秦又进攻东晋，占领了四川，控制了长江上游。又过了三年之后，前秦灭亡了占据甘肃的凉国。自此，北方宣告统一。只有东晋和前秦隔着淮河对峙。当时的中国，前秦已经占据了十之七八。

苻坚对于那些被他俘虏的帝王将相，从不诛杀，都给予了很高的待遇。这也许是出自他宽厚的性格，但更可能是基于政策考虑。氐族在北方各族中，是个小不点民族，如何控制住其他各族，这是个很大的难题。面对这个形势，苻坚不愿诛杀外族首领而激起动荡，宁愿用些手腕控制住他们。苻坚甚至还赋予那些首领相当的兵权。

苻坚对外族进行了大规模的强制性迁移。他把大量的羌人、鲜卑人、乌桓人都迁到陕西，以便就近控制，同时又把氐人分散到全国各地，以控制各个要冲。

前秦政权一下子得到如此大的战利品，要消化这个成果却很不容易。民族之间的同化、融合都需要时间。小小的氐族征服北中国，就像一条蛇吞下了一头大象。按理说，这条蛇的当务之急是努力分泌胃酸，消化这头大象。没消化干净的时候，再跑去吞一头犀牛，明显不是好主意。王猛就为这条蛇的消化能力担心。他在死前留了政治遗嘱：家里的事情还没归置好，不要去攻打东晋。要严防羌人和鲜卑人。

苻坚的统治是一个不断成功的历史，这使他有了强烈的自信心。他不相信自己的好运会终止。他高兴地认为：再吞下一个犀牛没啥问题。天下一统是一个巨大的诱惑，苻坚实在抗拒不了这种诱惑。

公元378年开始，前秦就加紧了对东晋的攻势。当年，前秦动用17万军队，分成四路进攻东晋。襄阳城苦守一年之后沦陷，东晋的雍州（湖北襄樊）刺史朱序被俘。按照苻坚重用俘虏的惯例，朱序被吸收成了前秦官员。但这个朱序却没有死心归顺，反而充当了一个高级间谍的角色，在后来的淝水之战中起了很大的破坏作用。

次年，前秦和东晋继续进行战争。谢玄的北府军开始登场，一出场就取得了巨大胜利。前秦军队被击败，退出了淮南。这次战争对东晋来说，也是一场生死之战。依靠北府军的力量，局势才转危为安。

其后，双方沿着边境线不断地进行战争，但一直没有太大的进展。

383年，苻坚决定结束这种恼人局面，一举消灭东晋。于是就开始了本章开始描述的大征发。

此时的东晋又是另一番光景。

东晋的历代皇上多半都没有真实权力，实际执政的多是士族领袖。此时东晋的一号人物是谢安。但是东晋的政局一向是多元化管理，谢安的权力也是颇受限制，对全国做不到如臂使指，随心所欲。

谢安委托侄子谢玄组建北府军，此举可说是他对晋朝最大的贡献。除此之外，在整个战争过程中，谢安没有表现出任何调度能力。

苻坚将要大举南下的消息传到建康，全体官员都大惊失色。好家伙，一下子来了 97 万人！这怎么消受得了？当时东晋的主要军事力量分成两大块，一个是驻守荆州（长江中游）的桓冲集团，一个是驻守淮南的北府军集团，由谢石（谢安之弟）和谢玄统领。从苻坚的进攻方向来看，淮南集团将负担起主要战斗任务。

谢玄非常焦急，向谢安请示命令。谢安不过是个斯文宰相，哪里有什么好主意？他只能含糊其词地说：会有命令，一定会有命令的。其实根本没有任何命令。谢玄只能依靠自己。

建康官员眼看要集体当俘虏，急不可耐，都去找谢安拿主意。谢安干脆一走了之。他跑出去游山玩水，白天不在建康露面。按照史书上的说法，他是故意显示自己的镇静，好稳定人心。但这个道理是说不通的。大难临头的时候，找政府首脑都找不到，人心又怎么会稳定呢？我们如果设身处地地为谢安想想，就知道他实在是无奈至极。他被 97 万这个纸面上的数字吓倒，根本想不出什么好办法来。看到一大屋子人眼巴巴地盼着他拿主意，他又偏偏没有什么主意可拿，那么最好的办法就是躲出去。谢安此时的表现就像一个典型的中国文人。而他这种无奈的消极躲避，也颇让历代文人动容。他们很容易被这种姿态打动，就硬是把谢安的行为附会成一种风雅，一种深沉。有人吹嘘谢安，说他“高卧东山四十年，一堂丝竹败苻坚”，弹弹琴就把苻坚打败了。其实这完全是文人的大言炎炎，跟事实相去何啻万里。

谢安内心深处，也许已经跳河一闭眼，听天由命了。好在即便做了俘虏也不会有性命之虞。苻坚优待俘虏是个传统。出征之前，苻坚已经放出风去，说灭亡东晋之后，会给谢安一个侍中（副总理级别）干干，在长安城还给谢安提前盖了个宅子。实在不行，谢安就把家搬到长安好了。

荆州的桓冲也非常焦虑，派了3000士兵入援建康。谢安庄严地告诉他："我们已经有了周密部署，兵员和装备都不缺，这些兵，你留着自己用吧。"恒冲听了以后，私下叹气说："我们完蛋了！"

谢安只会装深沉，提供不了什么帮助。谢石、谢玄就只能集结自己手上所有可动用的兵力，前去和苻坚的大军决战。

十月，苻融的前锋部队30万人渡过淮河，攻占了寿阳城（今安徽寿县），又把一支晋朝军队围困于硖石。苻融计划全歼被围晋军，就又派出一支5万人的军团驻扎在东边的洛涧（今安徽淮南东淮河支流洛河），以阻止东晋援军。当时苻坚的主力部队还在陆续开拔中，苻坚本人带着一部分军队屯于项城。

被围晋军向谢玄写信，说自己这边眼看支撑不下去了，请求尽快支援。这封信被苻融截获了。他欣喜地认为晋军末日已经到来，马上向苻坚发去了告捷的消息。苻坚听了以后龙颜大悦，当即带领8000骑兵赶往寿阳，和苻融会合。剩下的主力部队仍慢吞吞地行进在路上。

谢玄等北府军主力部队7万人进至洛涧，打算救援被困晋军。5万人的秦军隔在他们之间。北府军没有选择，只有发起进攻。谢玄手下的一个将领率5000军队夜袭秦军。秦军没有准备，发生了大崩溃。就像所有的战场崩溃一样，士兵无法判断敌军多寡，更无法组织有效抵抗，只是一味地逃亡。惊慌失措的士卒争着奔向淮水。前秦的将领没有办法阻止这种崩溃，要么被杀，要么被俘。结果1.5万名秦军死亡，军械粮草也都落入晋军手中。5万人的军队在5000名敌军突然进攻中彻底解体，这似乎是未来更大崩溃的一场预演。这次失败让苻坚吃了一惊。出征以来他第一次有了恐惧的感觉。

晋军主力部队继续挺进，和被围晋军会合。至此，晋军水陆军队8万人完成了集结，屯扎于淝水之东。朱序，就是被苻坚俘虏的前晋高级干部，这次被苻坚委任为使节，前往劝降。这个两面派没有执行任务，反而对晋军将领说：苻坚大军还没有集结完毕，不如趁此机会和他决战。谢石本打算一味固守，把苻坚给耗走算了，在朱序他们的劝说下，也决定主动出击。

淝水被选为两支大军的决战之地。前秦帝国在淝水走向了它的死亡之旅。

六、 当战争变成了赛跑

苻坚的部队集结在淝水西岸，和晋军隔河对阵。当时苻坚部队共有多少人，一直有不同的说法。苻融的军团共有30万人，苻坚从项城又带来了8000骑兵。但是苻融又派出过3万部队前往荆州，此外在洛涧又损失了一些兵马，又留下一些军队驻守寿阳。这样，淝水岸边的前秦军队差不多应该有20多万人。

这20多万军队集结于一地，对将领的指挥能力，也是很大的一个考验。苻坚部队里面云集了各族的军人，编制非常复杂。秦军精锐必是氐人士卒，他们多半集中在苻融指挥的中军。此外大军中更有诸多汉人、鲜卑人、羌人、乌桓人，他们对“非我族类” 的氐人

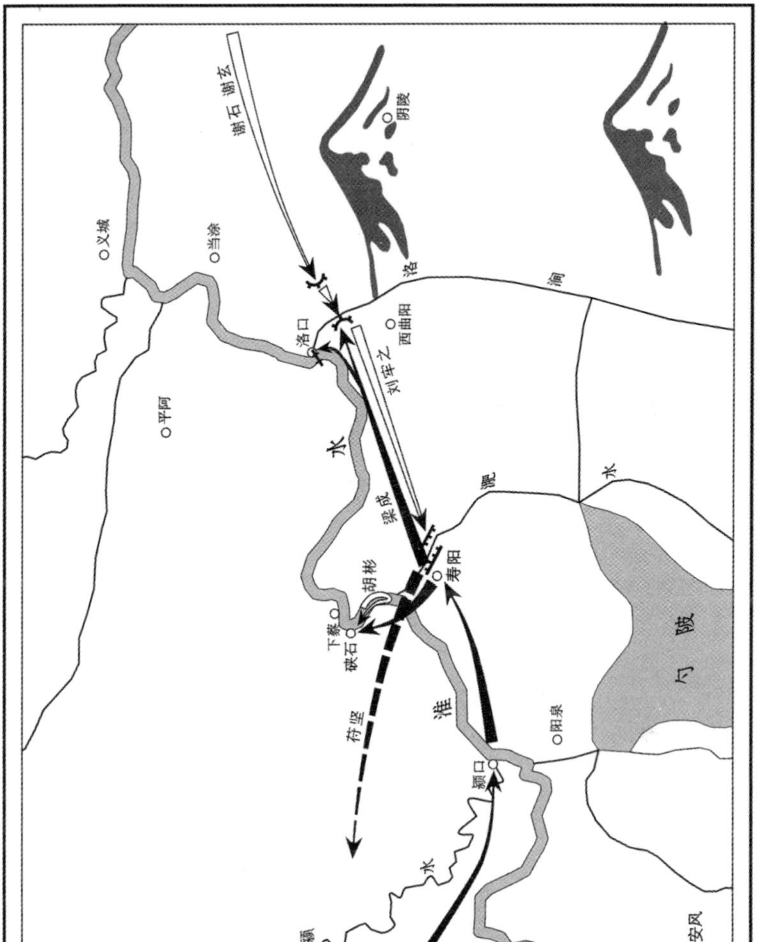
谢石 谢玄
阴陵
义城
当涂
洛
涧
洛口
西曲阳
刘牢之
平阿
水
淝
水
梁成
胡彬
寿阳
下蔡
硖石
芍
陂
符坚
淮
阳泉
颍口
颍
水
符融
安风

淝水之战示意图

帝国未必有多强烈的效忠心，多半还是“畏威而来”，因为害怕官府，不得不上阵打仗。

民族上的纷杂必然会增加编制的复杂性。指挥起来，也势必更加困难。光是语言就是一个问题。各族语言不同，也未必都会说汉语，苻融的命令很可能要先翻译成不同的语言才能下达。这20多万人来自五花八门的民族，又多半没有受过正规训练，如今在淝水岸边挤在一起，即便神仙做他们的指挥官，只怕也很难调度自如。

双方沿淝水严阵以待，一时倒都没什么举动。这时，苻融收到谢玄写的一封信。谢玄出身于士族，笔下十分来得，信写得很是雅丽。他在信中说：“君悬军深入，置阵逼水，此持久之计，岂欲战者乎？若小退师，令将士周旋，仆从与君公缓辔而观之，不亦美乎？”翻译过来的话，就是说：您孤军深入，在淝水边摆开阵势，难道您还要打持久战么？那多不好。如果你肯稍微往后退一下军，腾出点地方，让小的们好好打一架，咱们悠然观战，岂不美哉？

谢玄的打算是尽快决战。按照计划，他将率领8000精锐部队渡河作战，如果形势顺利，后续主力就渡河发动大规模后续攻击；如果失利，也可以有主力做接应。

对谢玄的要求，前秦领导层有很大的分歧，大家多半认为这里有问题，应该严词拒绝。但是，苻坚和苻融认为：等晋军渡河到一半的时候，让骑兵向他们发动冲锋，哪有不大获全胜的道理？因此，苻坚下令军队后撤。

苻坚的想法看上去并没有错误，秦军以逸待劳，用骑兵来对付渡河晋军，在战术上当然占有很大优势。但是他忽略了一点：他有没有能力让自己的军队秩序井然后撤？他只考虑了对岸的敌人，而没有认识到，自己身边的这20多万人，可能是更危险的敌人。

后撤指令下达了。一场巨大混乱随即爆发。

我们可以设想一个普通士兵在这场撤退中会有什么感受。他处身于20多万人之间，放眼望去，四面八方是密密麻麻的人海。他一直生活在北方，原本做梦也想不到自己会到这个叫淝水的地方来。他知道马上就要爆发一场血战，自己很可能会战死在这个陌生的地方。对岸的晋军到底有多厉害，他没有把握。但是不久前发生的洛涧之战，听说自己这边死了很多人。想到这些，当然会让他高度紧张。而周围人口密度偏又如此之大。这不但不会缓解他的压力，反而会弄得他更紧张。恐惧在人与人之间是可以互相传递、互相加强的。

有些指挥官的话他可能听不懂，即便队长和他操同一语言，他可以听得懂，也很难理解。领导认为：大家应该后撤某个距离，好让晋军渡河，然后返回身来对晋军作战，把他们赶到河里去。这个说法对他过于复杂，再说领导未必真正给他说那么详细，他所知道的就是长官让他后撤，到底为什么后撤他并不清楚。

好，大家转回头走路。他们知道，晋军就在他们背后，随时可能向自己冲锋。这种想法自然会让他们觉得危险。可以想象，他们中某些人很容易加快步伐。越想身后有好些晋军，可能就走得越快。自己还有老婆孩子呢，可不敢随便死了。他们一走得快，周围的人也就不由自主地跟着走快。而眼看周围的人越走越快，大家心里自然也越来越恐惧。这是一个糟糕的正反馈。不难料想，如果任由这个正反馈发展，结局一定是大家集体奔跑。

按理说，应该有外力来打断这个正反馈。这个外力就是指挥官。

但是我们前面已经说过，面对如此纷杂的编制，如此庞大的人员，指挥官也很难应对。当时没有什么像样的通信设施，除了军旗、号鼓，就是靠人嗓子喊。基层指挥官和高级指挥官很难联络，加上语言障碍，那就更难了。基层指挥官很可能也不理解事态发展。晋军是不是打过来了？自己这边是不是已经打败了？现在是后撤还是败退？他也未必清楚。他自己很可能也卷到这个洪流里去，正奋力奔跑呢。

等到混乱局面开始蔓延的时候，即便是指挥官也无能为力了。恐惧的力量是无穷的。眼看着20多万人从行进变成竞走，从竞走又变成了赛跑。

战争结束后，间谍朱序自称自己在制造这场大混乱中起了很大作用。前秦部队后撤的时候，他躲在阵后高喊：我们败了！我们败了！快跑啊！这个说法是朱序的一面之词，很可能是为了向东晋邀功请赏才捏造出来的话。即便他喊了这个话，那么他的话对这次混乱起了多大作用，也是很难说的一件事情。从对事情的推测来看，前秦军队更可能是自我崩溃，有没有朱序的那一嗓子无关紧要。

谢玄的部队已经开始渡河。苻融眼看着局面失控，就纵马掠阵，想要恢复秩序。可能是他跑得太急切了，或者是被乱军冲撞，结果他的马一头栽倒。失去了坐骑的苻融被晋军杀死。晋军渡河之后，没有遭到任何抵抗。展现在他们面前的，是秦军四处乱跑、互相践踏的喜人景象。这些晋军一定莫名其妙，不知所以。他们没有坐下来分析这是怎么回事，而是在后面追击。

这些秦军一路狂奔，一口气跑到了青冈。他们奔逃的态度非常坚决，没有任何力量可以阻挡他们。摔跤的一律被踩死。据史书的说法，被踩死的“蔽野塞川”。这些溃军跑到晚上依旧舍不得休息，夜以继日地努力向前奔跑。据说他们听到风声鹤唳，都认为是晋朝的追兵。恐惧已经深入骨髓。

前秦20多万大军全然解体。苻坚也被流箭射中。当时混乱至极，根本没人管这个皇帝的死活，苻坚自己一个人骑马跑到了淮北。晋军获得了锦缎万匹（估计是苻坚准备给军队当奖赏用的），牛、羊、驴、骡10万头。这是一次巨大的胜利，而晋军并没有付出任何代价。

苻坚的军队没有交战就自我崩溃。直接原因不过是军队后撤了那么一小段。这个结局让现代指挥官看了会觉得匪夷所思。难道那些当官的，都是白领朝廷俸禄的猪头不成？

其实这也不能全归罪于指挥官的无能。

如果有无线电，如果有望远镜，如果有长期训练，如果编制足够简单，如果有上面的任何一个条件，也许结局都不会是这个样子。但是当时这一切都没有。指挥如此众多的各族士兵，已经大大超出了后秦指挥官的能力。

旭日东升的时候，淝水岸边还陈列着20多万前秦士兵。而夕阳西下的时候，淝水岸边已经没有前秦的战士。被夕阳照耀着的，只有被践踏得面目全非的尸体。前秦帝国的国运，随着夕阳一起沉没。

七、 结局

那些奔波在路上，尚未到达淝水的士兵，听到淝水溃败的消息后，登时一哄而散。辛辛苦苦征发出来的几十万大军，没有派上任何用场，就全部解体。苻坚的征发把整个帝国弄得骚动起来，却没有从中得到任何收益。很多溃军反而加入了反对他的叛乱。

被蛇吞入腹中的巨兽没有被消化。如今它要起来撕破蛇的肚腹，在蛇的血泊里站立起来。

鲜卑叛军建立了后燕帝国。羌族叛军建立了后秦帝国。从不猜忌他人的苻坚被他信任过的人出卖，只好放弃关中，逃奔甘肃。385年，苻坚被后秦俘获。苻坚害怕自己的孩子在后秦遭到屈辱，亲手把他们杀死。不久，苻坚被后秦首领姚苌勒死。而就在20多年前，姚苌要被处斩，当时还是亲王的苻坚把他从刑场救了下来。这真像是命运的播弄。

此时距他雄心勃勃地征伐东晋，梦想着天下一统的时候，只有短短两年。

苻坚临终之际，不知脑海里是否闪现过淝水岸边的那场闹剧？在他最辉煌的时刻，忽然失去了命运的眷顾。

这一切，如同梦幻一般。

苻坚的狂妄举动使他失去了一个庞大帝国。事后看来，他的行为固然有愚昧之处，但如果人类没有疯狂和愚昧之举，也就不成其为人类了。魏晋时代，比苻坚远征更加荒唐愚昧的事情，不断地在上演。那些人没有帝国可以失去，但往往却失去了健康，甚至生命。

第四章

要享受性爱，也要追寻长生

——一段疯狂与愚昧的历史

一、 五石散

王戎是西晋一位大大的名士，名列“竹林七贤”之中，在当时也是士族中的领袖人物之一。但要说他“贤”在哪里，却非常难讲。他身上最鲜明的特点就是贪财。他的庄园水磨，据说是“周遍天下”，但他一位从侄结婚的时候，他大方地送了一件单衣，婚礼完毕之后，又心疼起来，觉得火烧火燎的，就又厚着脸皮跑去要了回来。对儿女他也不大方。他女儿成家后，有次问他借了几万钱。几万钱对于王戎，可能也就跟我兜里的几块钱差不多。可他就惦记上了，天天盼着还，可女儿就是没送钱来。后来女儿回家探望，他就脸色难看。女儿马上掏出钱来还他，王戎“然后乃欢”。他家买的李子他都要让人一个一个把核给钻破，怕有人把他家的李子种给偷了去。

这样的一个财迷有一个特长，就是会聊天，说起话来，言辞颇为动人。在魏晋士人看来，这就够了。再加上他出身于一流门第——琅邪王家，所以这个名士，王戎就做定了。

王戎也碰到过危险时刻。西晋晚期，几个王爷带着兵互相砍杀，打成一锅粥。齐王司马冏一度控制洛阳，另一个王爷河间王要组织联军讨伐齐王。齐王司马冏召集会议，讨论对敌策略。王戎当时担任尚书令的高官，级别相当于总理。他在会上侃侃而谈：“人家带兵百万，势不可当。我建议你退休回家，安享天年。急流勇退，放弃权力，当真是万全之道。”司马冏的谋士勃然大怒，说：“汉、魏以来，有一个退休的王爷能活命的么？我建议把出这种坏主意的人处死示众。”所有在场的官员非常震惊。王戎听了以后，表示要上厕所。王戎不在的时候，司马冏对谋士的建议正做认真考虑，就忽然听见有人叫唤起来了：“了不得了，了不得了，王大人掉茅坑里头了!”大家让人把王戎捞起来，把这位浑身恶臭的王大人送回府第。王大人声称自己是“药发”，才会失足跌入茅坑。一通混乱下来，王戎逃得一命。后来，司马冏被杀死了，王戎还活着。

王戎所说的“药发”是怎么回事？“药发”为什么会掉到茅坑里呢？这是一个问题。

关于王戎，还有一个问题。古代人最注重守孝。父母死了，做儿子的几年之内都不能再担任官职。守孝期间，孝子要痛哭流涕，不吃肉不喝酒，更不能穿好衣服。王戎的母亲去世的时候，他却不遵守这些规矩，又喝酒又吃肉，但是这些酒肉似乎于他却无多少滋补，他容貌憔悴，身体虚弱，要拿着拐杖才能行走。当时另一个官员和峤也在守孝，他完全遵守一切规矩，吃米饭都要称好再吃，怕超过孝子的饮食标准。但是，大家却认为王戎比他更孝顺。皇帝对大臣说：“和峤守孝时过于刻苦，让人担忧。”大臣却回答说：“和峤克扣自己饮食起居，却只是‘生孝’，王戎却是‘死孝’，我认为真正值得担心的，是王戎。”为什么王戎守孝期间吃肉喝酒，却能得到大家的理解，称他为真正的孝子呢？这就是另一个问题。

要解释这两个问题，就要谈到晋朝的一种很古怪的文化风尚了。

这种风尚就是服用一种有毒的药物——五石散。现在大家一说到毒品，马上想到鸦片，觉得好像在鸦片之前，中国人从来没有服用毒品的历史。其实这是不对的。晋朝时候，上流社会就曾大规模服用毒品。因为我们可以有把握地说，五石散对人体的损害绝不在鸦片之下，把它划入毒品一点都不亏。

所谓“五石散”，是一种中药散剂。它的主要成分是石钟乳、紫石英、白石英、石硫黄、赤石脂，此外还有一些辅料。这种散剂据说是张仲景发明的，张仲景发明这个药方，是给伤寒病人吃的，因为这个散剂性燥热，对伤寒病人有一些补益。但是到了魏晋，上流社会的士人没有伤寒，也都开始吃将起来。此时的配方和张仲景的原始药方相比已经有了一些调整，但主要成分没有变化。

这种药吃到肚子里以后，要仔细调理，非常麻烦。首先，服散后一定不能静卧，而要走路。所以魏晋名士最喜欢散步，称之为“行散”，其实这并不是他们格外喜爱锻炼身体，而是因为偷懒躺下就性命不保。

除了走路，饮食着装上也要格外注意。服散之后全身发烧，之后变冷，症状颇像轻度的疟疾。但他们发冷时倘若吃热东西穿厚衣物，那就非死不可了。一定要穿薄衣，吃冷东西，以凉水浇注身体。所以五石散又名“寒食散”。按照书上的说法，就是“寒衣、寒饮、寒食、寒卧，极寒益善”。冻出肺炎来，那是你散发得好。

但是有一样例外，就是喝酒。一定要喝热酒，而且酒还要好要醇。五石散对酒非常挑剔，不要说甲醇兑的酒，就是一般的劣酒，它也会有激烈反应。而且服散之后还不能不吃东西，一定要大量进食，“食不厌多”。

总之，吃散之后，一定要散步，大量吃冷东西，喝热酒，穿薄衣服，洗凉水澡。

五石散还是时装之敌。服药之后，人的皮肤特别敏感，很容易被磨破。新衣服比较硬，所以魏晋名士大多痛恨新衣服，而喜欢穿柔软的破旧的、没有浆洗过的衣衫，一副很艰苦朴素的样子。比如东晋的大将军桓温，就受不了新衣服。他倒不是希望死后有人收集他的衣物，搞个“桓大将军艰苦朴素生活作风展”，而是实在无法忍受硬邦邦的新衣服。有一次，他早上起来穿衣服，妻子故意让人给他送去新衣服。桓温看了以后勃然大怒，让人赶快拿走。他妻子就说：“衣服不穿，怎么会变旧呢?”桓温哈哈大笑，穿上了新衣。可以料想到的是，当时的名士绝不会热衷于采购时装。

衣服不仅要旧，而且还要宽大，省得它磨皮肤。鞋子最好也别穿，要穿就穿木屐，以减少和皮肤的接触面积。鲁迅先生就说过：“我们看晋人的画像和那时的文章，见他衣服宽大，不鞋而屐，以为他一定是很舒服、很飘逸的了，其实他心里都是很苦的。”

这些破旧的衣服轻易不得浆洗。王朔小说里有个人物就说自己的棉袄一辈子没洗过，“穿上去可暖和了”。魏晋名士倒不是贪图暖和，而是因为浆洗过的衣服太硬，他们受不了。这些经年累月不洗的衣服里头就会滋生虱子。在魏晋时代，一边谈天，一边把手伸到衣服里头捉虱子，“扪虱而谈”，被认为是非常雅致的事情。

服药还不仅是给生活带来某些不便的问题。稍有不慎，某个环节出了差错，后果是非常严重的。东晋名士皇甫谧在服药后，排解不当，落下了一身重病。他说自己承受了可怕的痛苦：“浑身燥热，五内如焚，在隆冬季节，光着身子吃冰，夏天就更加难以忍受，像得了疟疾伤寒一样，身体浮肿，四肢酸痛，只能放声哀号。”他实在忍受不了了，要拿着刀自杀，叔母苦苦劝阻，才活了下来。

皇甫谧说道：“许多人发散失误，死于非命。我的族弟，痛苦得舌头都陷入喉咙之中。东海人王良夫，痈深深陷入后背。陇西辛昌绪，脊肉完全溃烂。蜀郡的赵公烈，中表亲戚里有六人因此而死。这都是服用寒食散造成的，我虽然还活着，但也是苟延残喘，遗人笑柄。”

后来的学者对五石散的危害做了很多考证。清朝的俞正燮认为这个东西“杀人之烈，较鸦片尤为过之”。又有人估计说，在五石散流行的数百年间，被毒死的人有数十百万，吃出毛病而没死掉的肯定更多。考察流传到现在的五石散配方，似乎没有格外剧毒的东西，何以至此，却也不可索解。所以有人认为这个配方不准确。真正的五石散原料中含有一种毒物，长期服用会导致慢性砷中毒。

服药如此麻烦，又如此危险，但为什么能风靡晋朝的上流社会呢？等到后来，五石散在上流社会里风行的程度，不减于清末的鸦片。只是由于五石散本身的昂贵，以及调理的烦琐，所以没有渗透到民间。这也是晋朝百姓祖上有德，免此一劫。五石散之流行，自然有它的道理。五石散服下后，确实能让人产生奇妙的反应。

首先，五石散有一种类似摇头丸的功用。服药后，人体忽而发冷，忽而发热，肉体确实暂时陷入一种莫名的苦痛中，然而精神却可以进入一种恍惚和忘我的境界之中。世俗的烦扰、内心的迷惘，都可以被忘怀，剩下的是一种超凡脱俗的感觉。在这样的时刻，可以“天地为一朝，万期为须臾，日月为扃牖，八荒为庭衢”，什么都不放在眼里，什么都不配拘束自己，只有膨胀的自我意识，任意所之。简而言之，有点类似于喝醉酒，也许在生理上面和醉酒有所不同，但同样是精神麻醉。

对处于这种精神状态的人，大家多少会比较宽容。说了一些出格的话，做了一些出格的事，也都会得到谅解。和迷迷糊糊的人较什么真呢？

知道了五石散的情况，我们就能回答前面关于王戎的两个问题了。

首先，王戎建议司马冏束手待毙，很容易让司马冏以为他立场动摇，有叛变投降的嫌疑。事实上司马冏已经在认真考虑要不要把他处死。但是王戎后来跌进茅坑，显出精神恍惚的症状，他的发言就可以被认为是服药后说的胡话，被轻轻放过。

其次，王戎居丧期间，心情确实悲痛到无以复加的地步，以致形销骨立，也因此被人称为“死孝”。但是他长期服用五石散，一定要饮酒吃肉，也必须饱食，挨不得饿，否则很容易有性命之虞。当时的士人也完全能理解他的苦衷，没有用守孝的礼节来要求他。

按照当时士人的看法，五石散不仅能起摇头丸之功效，还是一剂延年益寿之宝药。南北朝之名医秦承祖曾高度评价五石散，说它是“制作之英华，群方之领袖”，吃了虽然不能腾云驾雾，脱胎换骨，但确实能延年益寿，功效广大。西晋的另一位医生宋尚甚至断言说五石散包治百病，实在是仙丹一样的东西。

从现代医学的观点来看，五石散自然不是什么包治百病的灵药，但似乎的确有壮阳之功效。

说到这里，我们可以考察一下五石散中主要原料的药效。

石钟乳：

功效：温肺气，壮元阳，下乳汁。主治：治虚劳咳喘、阳痿、腰脚冷痹、乳汁不通等。

白石英：

功效：温肺肾，安心神，利小便。主治：治肺寒咳喘、阳痿、惊悸善忘、小便不利等。

石硫黄：

功效：壮阳，杀虫。主治：内服治阳痿、虚寒泻痢、大便冷秘。

赤石脂：

功效：涩肠，收敛止血，收湿敛疮，生肌。主治：治遗精、久泻、便血、脱肛、崩漏、带下、溃疡不敛等。

紫石英：

功效：镇心，安神，降逆气，暖子宫。主治：治虚劳惊悸、咳逆上气，妇女血海虚寒、不孕。

从药效里可以看出，除了紫石英用于“暖子宫”之外，其他四种均有壮阳之用。那些魏晋士人无子宫可暖，所图为何，昭然若揭。

服用五石散的始作俑者何晏长得很好看，而且自恋成癖，终日粉饼不离手。他娶了魏朝公主，身为驸马，依旧四处搞女人，极其好色。他首先服用五石散，据说就是因为它的壮阳之用。否则他白面书生一个，擅长的是搽着粉谈天说地，绝非体力运动的健将，确也无从应付众多女人。他自称服用了五石散以后，身体大大好转，“神明开朗”。

皇甫谧则如此说道：“何晏耽爱女色，开始服用五石散，马上体力转强。这一下可轰动了京城，大家争相服用。多年的烦恼，一下子就解决了。”文中含义至为明显。当年的伟哥本是治疗心脏病的药，忽然被发现有壮阳之用，给了大家一个惊喜，马上销量狂增。五石散的情形与此恰同。它原本也不是壮阳药，只是经过肯为天下先的何晏改进，居然可以解决“多年的烦恼”，所以才一下子风靡起来。

更有人推测说，五石散吃了以后肌肤发热，不可穿厚硬衣物，可见皮肤的敏感程度必然提高，性接触的时候可以增强快感。这个说法没有确凿证据，只能置而不论。

虽然这个东西是有毒的（相面者说何晏“魂不守宅，血不华色，精爽烟浮，容若槁木，谓之鬼幽。鬼幽者为火所烧”，相面的人是从命运来解释他的相貌变化），但如果从生理角度看，这很可能就是何晏长期服用五石散的结果。

二、葛洪的炼丹术

五石散并不是一个孤立的毒物。事实上，除了五石散之外，当时的毒药市场还有花样繁多的产品，供顾客任意选择。当然，他们当时不称它们为毒药，而称为丹药。

更多的毒物来源于炼丹术。炼丹术是古代道教的一个伟大发明，千百年来，毒杀有钱人无数。许多帝王将相也因此毙命。炼丹术正是从晋朝开始，才成为一门完整系统、有理论有实践的杀人学的。葛洪是这门高深学问的集大成者。

葛洪（283—343）是丹阳句容（今江苏句容）人。他出身于官宦世家，自己也一度做过晋朝的中高级官员，但他最大的兴趣是炼丹。他认为炼丹的目的就是为了成仙。在葛洪看来，神仙是一定存在的[注]，人类的寿命也是掌握在自己手里的。他的口号是“我命在我不在天，还丹成金亿万年”。为此，他后来隐居于广东的罗浮山里，潜心炼丹。61 岁的时候，死在罗浮山中。

葛洪学问非常广博，在当时属于百科全书式的学者。但他在后世的名望主要建立在《抱朴子》一书之上。《抱朴子》详细描述了炼丹术的各理论基础以及各个操作环节，是炼丹术的圣经。

丹分成两种，一种是“外丹”，“外丹”即外服丹药；一种是“内丹”。所谓内丹，其实就是行气吐纳。现在的气功，就是从炼“内丹”发展出来的。

葛洪对内丹的说法颇为有趣。他认为，内修的最终目的是“守一”。守一还分为两种，一种是守“真一”，一种是守“玄一”。所谓“一”，一般道教把它解释得很玄虚。有的教派说它是万物的根芽，散了就充塞天地，聚就化为太上老君。按照葛洪的说法，“道”就是从“一”产生出来的。“一”是天地万物的主宰，是世界得以存在的根据。这个“一”也有形象可循，他居住在北极大海之中，居所是穷极华丽的殿宇，周围有无数神仙龙虎护卫。

这个“一”的分身也居住在每个人的体内，并且有名有姓。这个名字非常隐秘，道士们世代口口相传，告诉其他人的时候，要歃血为盟，要求对方发誓不得外泄。所以他到底叫什么，葛洪也没说。男人体内的这个“一”身高九分，将近一寸的样子。女人体内的“一”短一些，只有六分。“一”有的住在人肚脐眼下的“丹田”里，有的住在人的心脏下面，有的住在人的眉心。想想人的体内藏着这么一个穿衣戴帽的小官人，也是挺可怕的事情。但是这个小官人威力很大，一旦你能守“真一”，和他相通，就会大有好处。渴了他能给你喝，饿了他能给你吃。你出门在外，他给你当保镖。不光妖魔鬼怪近你身不得，就算有人拿刀架在你脖子上，你也能化险为夷。

除了“真一”，人还可以守“玄一”。所谓玄一，也是类似

“一”那样的神明，但他存在于天地之间。如果按照窍门，斋戒百日后，开始“思”他，那么三四天内就能找到他。找到他之后，不能让他溜走，要马上守住，这样他就跑不掉了。有了他以后，念起口诀，你就可以分身，一个人变成三人，然后这三个人每个人还可以再变，一直能变到几十人之多。

人体内除了这种善神以外，还有恶神，比如三尸神。这个神是天上派下来的间谍。他寄居在你体内，你干的坏事，甚至暗地里转的龌龊念头，他都知道得一清二楚。到了某个固定的日子，等你睡着了，他就脱离你的身体，飞到天上，向神明汇报你的过失。你每犯一个小错，天上的领导要扣掉你 3 天的寿命，若是大过失，就要扣掉 300 天。不过道士们有对付他的办法，那就是到了三尸神要上天打小报告的日子，就熬他一夜不睡觉，让他去不成。

修炼内丹的主要方法是“行气”。行气也很有讲究。行气要在晚上 12 点到中午 12 点期间进行。其他时间段的气都是“死气”，行也无用。行气的方法主要是深呼吸。从鼻孔吸气，再从嘴呼出去，要吸得多，呼得少。呼吸尽量要轻，最好做到把鸿毛放到鼻孔和嘴巴那儿，它也不会被吹动。每次呼吸的时间要尽可能长，初学者吸气之后，要在心中默数 120 下，然后再慢慢吐出。以后逐渐延长时间，如果能延长到默数 1000 下，那就能返老还童。

行气的最高境界是做到不呼吸，就像在母胎中一样。现代医生会认为不呼吸肯定会被憋死，但葛洪认为，不呼吸的人，“道成矣”。道成了以后，对着水吹气，水会逆流好几步；对着火吹气，火当即灭掉；对着老虎吹气，老虎马上被吹倒；对着蛇吹气，蛇马上被吹翻；有人受伤了，你对着伤口一吹，血立刻止住。有人在百里之外被毒虫咬了，你就对着自己的手吹气，受伤的是男人，你就吹左手，是女人，你就吹右手，吹完之后，对方立刻豁然而愈。葛洪没说对着牛吹会怎么样。

葛洪虽然指出了运气守一的种种好处，但是他认为，这并不能真正使人成仙。真正能让人名列仙籍，与天地同寿的，只有仙丹。

三、 还丹成金亿万年

葛洪的炼丹术，其核心是制作“还丹”“金液”。他说：这两样东西是仙道的最高宝物，如果吃了这两种东西还不成仙，那么世界上就没有神仙了。这两样东西到底是什么呢？

所谓丹，就是丹砂。丹砂的成分是硫化汞。葛洪仔细解释了丹砂的神奇之处。他说丹砂“烧之成水银，积变又还成丹砂”，所以称为还丹。如果用现代的化学术语来解释这个过程，就是说煅烧硫化汞可游离出金属汞，再使水银同硫黄化合，又能再生成红色的硫化汞结晶。葛洪认为炼丹需要九转九合，也就是丹砂和水银之间要有多次的相互转变，反复折腾后，出来的就是九合仙丹。这种硫化汞（或者氧化汞）吃了就可以成仙。

“金液”也是一种很神奇的药物，据说太乙真人就是吃了“金液”才成仙的。所谓“金液”，很可能是一种胶态金。葛洪在《抱朴子》里说道，“用古秤黄金一斤，并用玄明龙膏、太乙旬首、中石、冰石、紫游女、玄水液、金光石、丹砂，封之成水”，放在池子里，过了足够的时间就可以制成“金液”。据现代化学家推测，这可能就是加入铁盐和氯化物，使黄金的溶解度增加，然后被有机酸还原为胶态金。

也就是说，这两种仙家至宝，一种是汞化物，一种是胶态金。硫化汞是有毒的，服用了对人体内脏有极大损害。太乙真人享用的胶态金也是绝对不宜吞服之物。但是葛洪却认为吃了它们而不成仙，是万万不可能的。不看葛洪炼丹的配方，你会奇怪这么一个得道高人，怎么居然只活了61岁；看了配方之后，就会奇怪，这么一个得道高人，怎么居然能活到61岁？

仙药当然绝非仅此二者。葛洪认为：五芝、饵、丹砂、玉札、曾青、雄黄、雌黄、云母、太乙禹余粮等等，都可单独服用。吃了以后人不仅可以长生，还能凌空飞行。事实上，这些能让人飞行的药物，绝大部分（比如云母、玉札、丹砂）都是绝对不可入口的东西。

大家很容易看得出来，葛洪说的这些仙丹吃到肚里，必有后患。抓住氧化汞之类的东西猛吃，不中毒才怪呢。但是炼丹术居然一直流传了下来，到了唐朝更是发扬光大，达到了鼎盛期。韩愈曾经写过一篇《故太学博士李君墓志铭》，记录了当时人服用仙丹后的一些症状。

这里要说明一下：唐朝的炼丹术是从葛洪那里延续下来的，后来更细分为三个流派。一派是金砂派，主张仙丹应以丹砂为主。一派是铅汞派，其仙丹成分以铅和汞为主。还有一派是硫汞派。这三派，无论是哪一派制出的仙丹，在成分上，都和葛老仙的仙丹非常相似。因此我们可以推测，吃了葛洪仙丹的人，其成仙前的症状，和韩愈文章里的也应该差别不大。

韩愈说：工部尚书归登服用水银做的丹药，得了重病。他说那种感觉就像有烧红的铁棍从脑门插了进来，然后在身体里燃烧，关节处像有火焰向外喷发。他痛苦得发狂，喊叫着求死。而他的床铺上也常常能发现水银。病痛时发时止，他吐血吐了十几年，终于死去。他死之前，对我说：是丹药害死了我。襄阳节度使孟简被贬为吉州司马的时候，我正好从袁州返回京师，他乘船来拜访我，很神秘地告诉我说：我得到了一味仙丹，可以长生不死。我不忍心独享，就送给你一盒，你可以把它裹在枣肉里服下。别后一年，他就得了重病。他的家人告诉我说，他吃丹药吃出了毛病，后来把丹药排了出来，病才好转。但是两年后，他终究死去了。御史大夫卢坦死的时候，小便里有血肉，痛苦得不能自已，只求速死。

既然这些丹药毒性如此可怕，为什么炼丹师们还偏偏对这些毒药情有独钟？难道他们脑子都进了水不成？事实上这些炼丹师多半都是才智之士。他们做的很多发明绝对不是一般人能办到的，之所以会有如此荒唐的念头，是因为他们犯了一个常见的逻辑错误。

葛洪特别推崇丹砂和黄金，认为这是仙家至宝。他做此推断的理论基础是：丹砂烧炼越久，它的变化就越多越奇妙，而黄金放到火中，则百炼不消，埋到土中，万古不朽。这两种奇特的造物，一个是变化奥妙，一个是亘古不变。吃这两种东西，都可以让人不老不死。

如果把铜青（即硫酸铜）涂抹到人的脚上，脚就可以常在水中也不腐烂。这是为什么呢？因为涂抹铜青，就把铜的特性传给了人的皮肤。如果吞服黄金和丹砂，那么黄金和丹砂的特性自然也就传给了人体，人就能变化无穷，同时又能长生不死。

五谷杂粮，有什么好？变化也没见它有什么变化，放的时间长了还腐烂。这样的东西，怎么能和黄金、丹砂相比呢？丹砂和黄金比五谷要神奇得多，那么，吃它们自然就比吃五谷好处多，这不是很简单的一个道理么？

葛洪的理论当然不是他一个人发明的。很早以前，炼丹家就说过：服金者寿如金，服玉者寿如玉。这个想法就和葛洪的“金砂良药论”一脉相承。

人类学家弗雷泽（Frazer）有一本很出名的著作《金枝》，里面总结了古代巫术的一些基本准则。他认为巫术可以分成两大类：交感巫术和模拟巫术。交感巫术是基于相似性原理，主要思路是“相像产生相像”。比如，有些澳大利亚土著，一旦犯了腿疼脚疼的毛病，就说是有人在他们的脚印里插了尖锐的东西。《红楼梦》里马道婆想害凤姐和宝玉，就做了两个偶人，往偶人身上插针，凤姐和宝玉就马上害了失心疯。马道婆的手法就属于交感巫术。

模拟巫术呢，主要基于接触性原则。这种原则认为你接触了某样东西，那样东西的特性就会传导给你。比方说，有些原始的好战部落不肯吃兔子。因为他们认为兔子是一种很怯懦的动物，吃了它就会沾染上兔子的怯懦性格。这和中国炼丹师们吞金服玉的思路简直如出一辙。葛洪说：铜青抹到皮肤上，皮肤就不会腐烂。因为铜把铜性传给了皮肤。那么金子吃到肚子里，金子的特性怎么可能就不传给内脏呢？这怎么可能呢？葛洪的这个推理明显属于模拟巫术的思维方式。

无论是巫术里的相似性原理还是接触性原理，本质上都是一种隐喻或者转喻，最多适合用到文学上。事实上，中国一些文人长期使用这些文学手法，脑子里似乎也就跟着装满了巫术里的这些原则。

当他们谈论一些非文学问题的时候，虽然能下笔千言，文辞华赡，可要是把那些优美词汇都刨掉，这些文章就更像是出自三千年前的非洲巫师之手。

一些饭店把蝗虫炸了做菜，说那是“飞蝗腾达”，谁吃谁升官。这道菜简直是交感巫术和模拟巫术的完美结合。然而它在不少地方还真流行了一阵，很多官员都跑来吃蝗虫。可见，这些巫术观念是人类潜在的一种几乎本能化的思维方式。现代社会经过科学观念的系统洗礼之后，这些巫术思维还随处可见。所以，在我们有资格对古人发笑之前，我们要承认：我们依旧是巫师的子孙。

这些仙丹吃死了不少人。对这一点，即使是葛洪，也不能装作完全不知道。他对此的解释是求仙应该有诚心。按照宗教的话来说，想成仙，就要有“全备的信”，没有信心，神仙是万万当不成的。

据葛洪说，以前有个叫魏伯阳的人，他和三个弟子一起到山里去炼神丹。仙丹终于炼成了，可是弟子们心不够诚，害怕消受不了这个宝贝，就提议说：咱们先拿狗来试试，要是狗吃了以后，马上拔地飞升，那咱们就吃。如果狗吃以后死了，咱就别吃了。魏伯阳就把仙丹喂给一条狗吃。狗当场暴毙。魏伯阳问弟子：“你们怎么看呢？”弟子说：“先生您还吃么？”魏伯阳说：“我还是吃。”魏伯阳捻了一个仙丹下肚，入口就死。众弟子面面相觑：炼丹炼出个氰化钾来，可怎么好？这时有一个弟子不知死活，说：“我信师父，我吃！”当下也吃死了。剩下那俩弟子互相看了看，说：“咱们下山买棺材去吧。”等他们刚走，魏伯阳就爬了起来，把另一服仙丹放到那个死人和那条死狗嘴里。这两个人和一条狗都即刻成仙。那两个动摇的弟子错失良机，终身悔恨。

看到死了人，不要惊慌，接着吃。炼丹嘛，总要死人的。懦弱比大胆更危险。服从炼丹师要服从到盲从的地步，相信金丹要相信到迷信的地步。只有这样，才能跑步进入长生不老的境界。这就是葛洪传达给大家的真理。

葛洪的这个故事如果把最后那个光明的尾巴刨掉，就是活生生的中国炼丹史。吃死了一批还有一批，一直吃到清朝，还在吃。无数的道士、贵人，还有试验狗，都被铅和汞活活毒死。这些人难道都疯了么？

他们没有疯。他们只是看到虚幻的美妙世界，无力从中解脱。人们一旦接受仙丹理论，哪怕你像韩愈一样，把事实挂在他们鼻尖底下，他们也会视若无睹。人们只相信他们所愿意相信的。死亡如此让人恐惧，永生则是如此美好，因此，毫不奇怪，人们就是愿意相信神仙是存在的，就像人们就是愿意相信气功大师、特异功能、人间天堂一样。

何况，晋朝人也没有足够的知识来批驳炼丹术。丹砂烧之成水银，再烧又成丹砂。现在我们明确地知道丹砂和水银都是什么成分，所以写个化学公式就能解释这个过程。但是对晋朝人来说，这一切实在是太过奇妙。即便不信炼丹术的人，也无法解释这个过程，只能含糊地说这是造化的玄机。既然你无法解释，那么你又拿什么去反对炼丹师的解释呢？这就像科学还没覆盖到的地方，一定会滋生伪科学。诚实本分的人不敢做出判断的地方，骗子却总是能非常勇敢地胡说八道。这是一个逆向淘汰。你说我不对？那你说说是怎么回事！这一句话足以驳倒绝大多数诚实的人。就像直到现在也有人说，科学不能解释一切。用这句话做引子，下面就是可以随便胡说八道了。现在科学当然不能解释一切，那是因为科学不像他们那么不要脸，否则科学早就能解释一切了。

不过我总要补充一点：葛洪本人并不像现在那些“大师”一样，是纯粹的骗子。他真实地相信自己的理论。他的才智和渊博让人惊叹，而他的错误绝不仅仅属于他一个人。

为了公平起见，我也要为炼丹师们说几句好话。他们在炼丹的过程中，产生过不少有用的副产品。比如豆腐，据说就是他们发明的。我觉得豆腐这个发明很伟大，至于是不是能弥补他们到处毒人的过错呢，这就需要大家自己判断了。

四、 古怪的性生活

魏晋士人猛吃毒药，各种毒物郁结体内，又兼之多半嗜酒如命（见《如何过日子是一个更重要的问题》一章），在药与酒的刺激之下，做出了众多怪异之举。中国有史以来，从没有一个朝代的上流阶层像魏晋时代那样贴近于西方嬉皮士。

东晋的名士王忱，出身于琅邪王家，声名显赫，更做到过荆州刺史的头等要紧职位。但就是这么一个高官，其举动之荒诞，即便朋克乐队成员也会瞠目结舌。此人的老丈人的亲人死了，他带着朋友前去吊丧。老丈人正在痛哭流涕，而他居然和十几个朋友一起脱得精赤条条，披散着头发，闯了进去。十几个人绕着王忱的老丈人走了三圈。该老丈人正在伤心之际，忽然见以女婿为首的十几个光腚绕着自己转圈，其惊惧气愤可想而知。

王忱的行为属于荒诞狂放，而周顗的行为则简直只能用兽欲勃发来形容。周𫖮是东晋初年的高官，位居尚书仆射（副总理级别）之职。当时的大将军王敦非常忌惮他，一看见他就紧张，一紧张就出汗。只要碰见周𫖮，哪怕是冬天，王敦也要拿着扇子扇。后来王敦军变成功，将其处死。周𫖮死前，破口大骂，叫着：“老天有眼，快杀王敦啊!”押解他的人用戟戳他的嘴，血从他嘴里一直流到脚上，周𫖮依旧神色不变，可见此人不是个平庸之辈。

就是这个慷慨激昂的周𫖮，却做过荒唐至极的事情。尚书（部长级别）纪瞻邀请朝廷要员们到家里做客，席间叫出自己的宠妾出来给大家表演歌舞。别人看看歌舞，称赞几句也就罢了，可是周𫖮居然淫心大动，众目睽睽之下，忽然脱了衣服，露出生殖器，当着人家丈夫的面，冲上去就要强奸这个女人。众人一看，这还了得?当下一起死死把他按住，他才没有得逞。这种死不要脸的行径，若非在酒与药的双重作用下，恐不大会出现。

魏晋时期，士人行为的这种荒诞，全部归结到毒药和酒上面，也不大公允。这种行为更多的是一种犬儒主义与自我放纵的混合变种，毒药和酒只是将其释放的一个由头。很多人是以酒以药盖脸，真正驱动他们的，是他们骚动狂放的心灵。儒家的礼教已经被搁置一边，生与死的匆匆变换又见识得太多，又有什么是不可以做的呢?又有什么是被禁止的呢?这些士人物质上的满足可以如此轻易地得到，心灵却又处于如此广阔的空间。自我被释放了，却又无处依托，就在广袤天地间随意游荡。有人在灵魂深处为自己寻觅到家园，有人则完全迷失。

这是一个审美压倒了伦理的年代。这也是一个自由而迷惑的年代。

这个背景之下，就有了各种各样特异的行为。这种行为有的时候也可以很可爱。比如阮籍，他经常和邻家酒铺的女掌柜一起喝酒，喝醉了就躺在她身边。做丈夫的开始很怀疑，观察了很久，发现阮籍确实没有任何不轨，就没有干涉。阮籍的心胸，确实不是何晏之流可以比拟的。

但有时，这种特异行为就可以变得极其下流，就像我们的周仆射的举动。在晋朝，还有不少这样的下流坯。西晋时期，许多贵族子弟经常举办性聚会。他们在一起脱光了衣服喝酒，然后就各自和妾侍性交，互相观摩。

不过，那种性交派对放到当时的社交大环境里看，却也是其来有自。晋朝人交往时相当随便亲昵，而对男女之防也不大看重。炼丹家葛洪性格严肃，对当时的一些习气非常气愤，发表了若干评论。他的这些评论为我们记录了当时的社交风气。根据葛洪的说法，宾客相见，也不互道寒温。客人一进来就喊："老奴在哪儿?"主人就马上回答："你这老狗来了?"不这么打招呼的，大家都说他古板，不和他来往。招呼打完了，下面就是聚会。聚会上，有人当众洗脚，有人就地撒尿。这些人对男女之嫌也不顾忌，往往直接就往人家内室闯，恣意欣赏人家的妻妾，嘴里还要对她们的身段和脸蛋大加评论，全无尊重之意。有些姬妾躲起来，这些人居然公然搜索，发现了就拖出来观看。主人虽然难堪，但当时习气如此，如果加以阻挡，倒显得自己小气。性交派对只是这种聚会的加强版。这些硬拉女人出来品评的男人固然下作，但也说明当时的性观念确实宽松。

我们自然很难相信当时的社交礼节都是这样，但葛洪的说法肯定也不是向壁空造。这里还有一个例子，可以帮助我们理解当时的风气。王戎有一次去到他女儿女婿家看望（就是向他借钱，久不归还，让王戎大光其火的那一对），去得绝早，人家还在卧室里睡觉呢。他就直接往卧室里闯，把女儿女婿堵在被窝里。女儿女婿看王戎守着床头，兴致盎然地看着他俩，也不尴尬。女儿从北面下床，女婿从南面下床，就地接待王戎，脸色平静无异。如此的情形，即便在现代人看来，也会觉得颇为怪异，认为这个老丈人太不正经。依此来推断，葛洪的说法想来也还可靠。

有人认为这种性交派对是古代的性解放，其实这和真正的性解放运动完全不是一回事情。那些妾侍是否愿意暴露在大庭广众之下，被他们奸淫，这在他们眼里，根本就不是问题。不平等地位下的性派对，不过是一种赤裸裸的性凌辱而已。

主人对奴隶、姬妾有完全的支配权，那些贵族子弟自可借此权力完全实现自己的性幻想，而不必顾忌对方的感受。石崇家里广有妾侍，他把沉香弄成粉末一样，厚厚地撒在床上，当成土制的体重计，然后让他宠爱的姬妾在床上走，足迹比较轻的，石崇就赏赐给珍珠，足迹比较重的，石崇就下令少给她们吃的，强迫减肥。很明显，石崇喜欢比较骨感的女性，就强迫女人迎合自己的趣味。他的性审美趋向和现代人确实颇为吻合，但他的举动，完全是无视对方意愿的霸道行径。

除了壮阳的药品以外，他们还发明了各种胡思乱想，试图提高性质量。房中术在魏晋时期大行其道，比如曹操就很肯虚心学习这门学问。他的儿子曹丕更声称当时各个阶层的人都热衷此道，勤学苦练。据曹丕说，当时连太监都不肯落后，身残志坚，坚持学习。

但是从现代观点来看，当时房中术的理论实在是太奇怪了。几乎所有的房中术都认为性技巧的根本在于“还精补脑”，就是说忍精不射，可以补脑子。根据葛洪的说法，当时房中术的流派有十几家，“或以补救损伤，或以攻治众病，或以采阴益阳，或以增年延寿”，但是其主旨都是还精补脑。

葛洪用动人的言辞描述了还精补脑的好处，“却走马以补脑，还阴丹以朱肠，采玉液于金池，引三五于华梁”，能让人延年益寿。但是，不管葛洪说得如何动人，大家如果真去效仿，得前列腺炎的时间一定至少会提前 10 年。

葛洪之后的另一个道教大师陶弘景也强调了忍精的重要性，他高屋建瓴地指出：“精少就会得病，精尽就会人亡。所以，不可不忍，不可不慎。”所以一定要“闭精锁关”。至于具体做法，他提出了许多“御女术”以供大家学习。他认为，男人如果忍精不泄，就可以从女人那里吸取阴气来滋补身体。如果一次只和一个女人性交，那吸取的阴气微不足道，还不足以弥补性交中丧失的阳气，收支表远不能平衡。所以，性交过程中应该不断换人，如果一次和 12 个女人性交而不泄精，利润就很可观了，长期坚持可以青春常驻。如果一次和 93 个女人性交而不泄精，那就可寿至万年。

为了更好地赚取性利润，陶弘景建议男人应该“弱入强出”。什么叫弱入强出？就是“纳玉茎于琴弦麦齿之间，及洪大便出之，弱纳之，是谓弱入强出”。这个我就不翻译了。这种性交方式也被称为“死入生出”，死奄奄地进去，生龙活虎地出来。房中术认为这样做可以吸取阴气，又不损失元阳，有很大好处。一般人总是“强入弱出”，在陶弘景看来，这简直是找死。

按照房中术的说法，性交过程中，如果没有“施精”，男人就没有什么真正的损失。60 岁的男人，如果能在性交中不“施精”，那么他大可以高高兴兴地从事性活动。从房中术的理论来看，那些性交大师完全不知道人体有前列腺的存在。长期充血而不释放会导致前列腺炎，这一点他们毫无意识。

总体来看，“御女术”当然是个混蛋理论。这种理论把女性当作一个榨取性利润的工具，以迎合猥琐自私的男人最荒唐的幻想。有人居然把这种御女术当作中国古代性科学发达之征兆，其实这无非是社会性堕落之征兆而已。

但是在这些疯狂愚昧的御女术和性聚会之外，毕竟还存在健康清新的自由性爱。魏晋毕竟是一个搁置了礼教，重新返回内心寻觅自我的时代。有人寻觅到了自我的兽性，但确也有人发现了世界的美好。如果我们只看到那野蛮荒诞的一面，就会得出一个歪曲的结论。

魏晋南北朝存留了大量乐府民歌，这些诗歌和王洛宾收集的西部情歌仿佛，里面描画的是甜蜜的性爱、男女的欢悦以及坚贞的爱情。这些乐府为我们打开了一扇窗户，从中我们能看到那些古代的情爱。下面摘录几首。

晋初孙绰所作的乐府诗《情人碧玉歌》里以女子的口吻描写处女的第一次性行为，云收雨住后女子欢悦“颠倒”的感觉：

碧玉破瓜时，郎为情颠倒。芙蓉陵霜荣，秋容故尚好。

碧玉破瓜时，相为情颠倒。感郎不羞郎，回身就郎抱。

其后的《子夜歌》里更写道：

宿夕不梳头，丝发披两肩。婉转郎膝上，何处不可怜？

又有用含蓄笔法道出的性爱：

开窗秋月光，灭烛解罗裙。含笑帷幌里，举体兰蕙香。

《读曲歌》中又描写了男女欢爱留恋，不愿从温柔乡中抽身：

打杀长鸣鸡，弹去乌柏鸟，愿得连冥不复曙，一年都一晓。

这些诗中的女子都是有血有肉有情感的人，能在男欢女爱的好合中得到愉悦。她们不是性聚会中被当作道具使用的木偶，也不是供男人做性压榨的屈辱傀儡。她们是有着肉体快感有着爱恋情愫的女人。

[**注**] 葛洪在《抱朴子》里力证神仙一定存在。其论证方式非常有趣。他说：就算眼再毒的人，也不可能把世上的什么东西都看全；就算耳朵再灵的人，也不可能把世上的声音都听全；就算再聪明的人，他所知道的事情也一定没有不知道的多。万物之多，变化之奇，何所不有？怎么能说世界上没有神仙呢？所以说，事情不能一概而论。要说冬天树木都该凋谢，那为啥松柏不凋谢？要说泉水都该是凉的，那为啥有温泉呢？夏天也有凉快天，冬天也有小阳春。所以说，万事万物都有例外。神仙为啥不能是个例外呢？你们都是凡夫俗子，视短虑浅，你们能见过多少事？所以你们没见过神仙有什么好奇怪的？你们没见过的稀罕事多着呢！再说，神仙就那么愿意跑到你们跟前显身？神仙，都是心气高远的，自然不轻易显形。只有那些有缘的才能见到他们真身。东汉的刘向，学问比你们不知道大到哪里去了，人家就说过有神仙。刘向写了《列仙传》，里面有70

多人。70 多人啊！都有名有姓，难道都是捏造的不成？你捏造一个我看看！你们说，秦始皇汉武帝求仙没有求成，所以就没有神仙，你们这种想法真是可悲。难道看见个穷光蛋，你们就认为世界上没有富人了？秦始皇没求成，不错。但种庄稼的还能碰上灾年呢，做买卖的还有赔本的呢，那你们就不种庄稼、不做买卖了？嗯？所以说，神仙一定是有的。

这个论证看上去非常眼熟。那些写巨著来论证“外星人”或者“特异功能”一定存在的大师们，简直是葛洪的现代翻版。中国在晋代就有如此逻辑缜密足以为万世师法的人，这是可喜的。将近 2000 年过去了，中国诡辩术依然没有长足进展，则是可悲的。

第五章

当阴暗的火焰熊熊燃烧

——天师道宗教大叛乱

一、 天师道

人类的愚昧与疯狂，如果和集体的宗教情感结合，就会产生巨大的破坏力。在东晋，就有过一场这样集体的宗教癫狂。它的爆发，就像是突如其来的一声狂野呐喊。喊声震动天地，使人们惊恐万状。

公元402年，天师道的宗教首领孙恩已经走入了穷途末路。他和东晋军队已经进行了17个月的殊死搏杀。他攻破了许多城池，也不止一次遭受过失败。如今，孙恩的力量已经被严重削弱。政府军控制了浙江东部的大陆，信徒们的尸体布满了沿海各地，孙恩只能退守在海岛之上。胜利曾经显得如此唾手可得，如今看上去却像是个遥远的梦想。孙恩纠集了自己的军队，对浙江临海做了一次袭击，这已经是他的困兽之斗。

这次行动遭到了彻底的失败，临海的政府军击溃了这次进军。孙恩的部众只剩下了几千人。孙恩彻底绝望了，他害怕自己被东晋政府擒获，就在临海投水而死。残留的信徒们不相信一个像他那样伟大的天师会死去，坚持认为他是到水中成了水仙。他的众多妻妾和忠心追随者纷纷跳海自杀，以追随这位水仙。这副景象在1600年后，依然让人感慨不已。他们信奉孙恩，即便死亡也不能使他们退却。

这一切并不意味着这场宗教叛乱的结束。孙恩死后，他的妹夫卢循领着剩下的信徒继续和晋军作战。后来卢循的军队转战至广州。公元410年，卢循率水军北伐，差一点攻陷东晋首都建康。东晋最高指挥官刘裕倾注全部力量和卢循作战，最后摧毁了卢循的水军。

次年，卢循的残余部队也被彻底歼灭。卢循和当年的孙恩一样投水而死。孙恩死亡时的一幕再次上演，但演员们的表演完全不同。卢循死前毒死了十几个妻妾，又召集姬妾，问道："我今天就要自杀，你们谁能追随我?"大多数姬妾回答说："鼠雀尚且贪生，您的要求实在很让我们为难。"卢循就把这些姬妾尽行处死，然后才自杀身亡。除了这些不幸的妻妾以外，史书上没有记载任何追随者自杀，以追随自己的领袖。信仰的力量已经消失了，如今的一幕不过是一位残暴自私的君王杀戮奴隶而已。而此时，距离孙恩之死不到10年。

孙恩的追随者们信奉的是道教的一个流派：天师道。天师道在晋朝是最大的道教流派，几乎成了道教的代名词。魏晋南北朝重要的道教派系有三个，一个是天师道，一个是上清派，还有一个就是灵宝派，葛洪属于灵宝派。在葛洪的著作里，世界充满了美丽的仙人、奇妙的丹砂、神秘的真气。这个世界光辉灿烂，那些邪恶的鬼魅只能躲避在阴暗角落里。但是，在当时存在着另外一种道教。在那个道教里，鬼和人一起分享这个世界，人们用巫术来取悦它们，制服它们。在那个教派里，信徒把自己奉献给信仰的团体，甚至愿意为它舍弃自己的生命。狂热的幻想支配着信徒，这种幻想可以点燃野蛮的内心火焰。孙恩叛乱给我们揭示了这个道教的力量。

那是道教中黑暗的另一半。

天师道和上清派、灵宝派比起来，吸收了更多原始巫术的东西。在天师道道士看来，这个世界并不仅仅属于人，它也属于鬼神。这些鬼神游荡在世上，可以降祸给人，也可以为人所驱使。人们要想平安无事，就要大力对付这些鬼怪。信徒们不仅要做各种祭祀活动来讨好它们，还要用各种咒符来镇压它们。得病了，那当然是鬼神作祟，要用咒符；家宅不安，当然也是鬼神作乱，要用咒符；父母祖先可能在地狱里受恶魔的折磨，要想超度他们，也要用咒符；要想驱遣这些鬼神给自己出力，那当然更要用咒符了。葛洪虽然也用咒符，那远远没有天师道用得那么起劲。因为这种强烈的嗜好，天师道也被称为道教中的符箓派。

按照天师道自己的说法，该教的创始人是张陵。张陵被后人称为天师张道陵。

张道陵本来是东汉太学的学生，专业课都是儒家典籍。可是渐渐地张道陵产生了一个和孙悟空同样的困惑：学这些，可能长生否？答案显然是不能。张道陵就放弃了儒生生涯，转而学习道教方术。他运气非常好，得到了《黄帝九鼎丹法》，想按照方子合药，只可惜一时没钱采买原材料。他听说四川人比较淳朴，很容易招募为信徒，而且又有不少石山，可做隐居修炼之地，就带着弟子进入四川，居住在鹤鸣山（今四川省成都市大邑县北）。在山里，他碰上了太上老君。老君在他的请求下，特地派遣清和玉女，教给他种种仙术。张道陵用了 1000 天的时间，学会了玉女教给他的广大神通。接着他又按照书上的方子炼制丹药，用了三年的时间仙丹也终于炼成功。他对弟子们说："咱们的仙丹已经制好了，我吃了以后，马上就能飞冲上天，当神仙。但是我不忍心啊！我总要出来为大家做点事，给大家谋点好处，再吞丹变仙！"

于是，他放下仙丹不服，使出手段，和六天界的魔鬼交战，夺取了魔鬼控制下的"二十四治"，改为福庭，把魔鬼降伏为"治"的阴官。当时四川有好几万魔鬼，光天化日下在人间游荡，释放各种瘟疫，危害百姓。张道陵降伏六天魔王之后，把这数万魔鬼都放逐到西北荒凉之地，不许他们随意进入人间。他和这些魔鬼立下盟誓："人主于昼，鬼行于夜，阴阳分别，各有司存，违者正一有法，必加诛戮。"从此阴阳两界，才悬隔异域。刻着誓文的碑石被放置在四川青城山上，以为见证。从后来天师道的发展来看，张天师并没有永久禁锢住那些魔鬼。鬼依旧牢牢地附着在这个世界上，向人索要供品。

张道陵一手创立了天师道。天师道规定凡是入教的人都要交纳五斗米，所以天师道又被称为"五斗米教"。所谓从魔鬼手里夺来的"治"，其实就是在各地传教的中心点。张道陵创建的"二十四治"，除了一个在洛阳附近外，其余的都在四川陕南一带。

据说，张道陵一直活到123岁，才吞下仙丹，拔地飞升。他创立的教派传入他儿子张衡的手中。道士张道陵有儿子，可能读者会觉得有些奇怪。其实这是很平常的事情。张道陵创立的教派，里面的道士，都可以结婚。其道观往往是世代继承，被称作子孙庙。张道陵的子孙世代繁衍，世袭"张天师"的名位，就像孔府的衍圣公一样，现在据说已经传到第64代张天师了。

天师道在张衡的儿子张鲁手中才真正成型。张鲁使"五斗米教"成了一个组织严密、规模宏大的教团，并进一步夺取了政治权力，在汉中（今陕南川北一带）建立了一个政教合一的神权小王国。

信徒们并不是交了五斗米的入会费就可以一劳永逸，光靠一人五斗米，张鲁的天师道当然不足以存活。信徒们还要交纳租米钱税，这既是一种宗教献金，也是一种日常捐税。在信徒们奉献的基础上，天师道政权建立了一个财政系统。

天师道有一个很严密的教团组织。刚刚加入天师道的初学者称为“鬼卒”，资深的则称为“祭酒”。祭酒在天师道里的地位就类似于政府委任的地方官，统辖辖区内的信徒。信徒多的祭酒则称为“治头大祭酒”。祭酒是人间的官儿，据说还有阴官，就是封的一些鬼官，虽然信徒们肉眼看不到，但它们的存在有助于维护秩序。最高的教主称为“师君”，是所有信徒的领袖。

历史上的神权政府对百姓的控制力总是比较强，张鲁的天师道政府自然也不例外。一般政权只控制老百姓的公共生活，就连这种控制有时候都是徒有其名。有人就说古代政权“皇权不下县”。可是天师道的祭酒就能“下县”。他们不光能“下县”，还下得很厉害，能全面干涉信徒的私人生活。从你的财产到你的房事，祭酒都享有发言权。

对于古代人来说，国家政权能提供的最基本公共服务是：军事力量、司法和社会救济。国家政权在这三个方面往往做得还很差。而这些东西，天师道都能提供。

天师道对信徒既有管理组织，一旦有战争到来，“鬼卒”们很容易转化成战士，每人领个符咒上场杀敌；而且天师道的道士们还能驱使阴兵。天师道教义声称，所有合格的信徒都能招请神灵阴兵，而且招请的规模非常庞大。早期天师道的典籍多已散失，我们可以参照稍晚的天师道经籍，来推测这些阴兵的规模。有经书说，懂窍门的道士可以招请天昌军黄衣兵士 10 万、督御军兵士 100 万。也就是说一个人就可以招请 110 万大军。天师道的信徒一旦把阴兵都召集起来，那将是一个骇人的数目，整个地球也未必装得下它们。有如此众多的阴兵助阵，天师道士卒们更会大胆杀敌。何况为圣教牺牲，很有可能还会成仙。张鲁靠一个小小的汉中，在三国乱局中混了数十年，本身也证明了天师道组织具有相当的战斗力。

天师道的祭酒不仅是信徒的宗教指导员和税务员，还是教徒的医生和法官。教徒如果得病，祭酒会认为是他干了坏事。我们认为病人应该卧在床上，得到安慰和照顾，但天师道不这么认为，他们认为，得了病是因为做了坏事。要想痊愈，病人要拖着病歪歪的身子，当众做自我检举，忏悔自己犯的各种过失。祭酒可能还会给他们画个符，烧了以后让他们就着水吞下。

大家可能觉得这种方法很荒唐，但实际上，这样做未必没有效果。这种忏悔很可以被视为一种心理疗法。如果病人坚信自己忏悔完了，符也吞了，病就会好转，那么某些疾病可能还真就好了。完善的医疗手段当然更有效果，可对于那些社会底层人士来说，他们支付不起医疗费用。不必吃药，做做检讨，病就能好，这种说法对他们就有很大的吸引力。

如果教徒犯法，那么祭酒自己就可以动手惩治他。但在惩罚他之前，祭酒会原谅他三次，到了第四次，才会真正动刑惩罚他。这个做法看上去很有人情味，更适合一个小规模社区采用，一个大的社会组织很难如此执法。所以，这个做法估计也只是一个原则，不会适用于所有犯法行为。比方说对杀人犯，总不会等到他杀第四个人才去砍他的头，前三个都算白杀。总之，天师道的司法据说卓有成效，得到了信徒的欢迎。

天师道政权是从民间宗教衍生而来，始终具有民间组织的痕迹，对于社会救济相当关注。各地的祭酒都设置“义舍”，这种设施类似于免费的公共食堂，而且搞的还是自助餐。祭酒从信徒上缴的财物中拿出一部分来，做义舍的开支。义舍里头有米和肉，路过义舍的行人如果需要，可以自己进去拿，吃多少拿多少，如果你贪心多拿，那么鬼神就要给你降下疾病。所以据说大家都不敢多拿。仅仅依靠鬼神来威胁，就能让大家都自觉，听上去多少有些可疑。我们也许对此应该打个折扣来听。

有了严密的组织，还能提供军事力量、司法组织和救济机构，甚至还有免费医生，这样在功能上，天师道完全可以取代世俗国家。这也就解释了张鲁为什么能凭借天师道建立一个政教合一的政权。

如果让老百姓自己选的话，官府和天师道比起来，实在是没有什么优越性。三国时代的官府，除了拼命征税，就是拉壮丁打仗。你的房事虽然官府未必会插手，但是你遭了难，官府也根本不会理睬你。难道你得了病，官府会管你么？那是连个符水也没有的。你真在路上饿死了，官府能给你挖个坑埋了那就算你祖上积德。在曹操刘备眼里，你们不过是一些等待剪毛的老绵羊。而在天师道组织里，至少你还是一个信徒，是一个教友。天师道是从民间“长”出来的组织，早期的天师道几乎像是老百姓自发成立的互助组。也许天师道政权对你的管理相当严酷，但你至少能得到一些精神上的关怀，找到一种归属感。宗教上的信仰和组织上的严密，足以解释天师道在张鲁手中取得的成功。

可是老百姓的选择并不总是顶用。公元 215 年，曹操大举讨伐天师道。面对曹操历经百战的大军，天师道的阴兵鬼卒支撑不住，彻底瓦解。张鲁和他的数万名部属被迁往中原，天师道也随之传到了川陕之外。

在魏晋期间，天师道在整个中国广泛流行，规模扩展得相当可观。尤其在东晋的江浙沿海一带，天师道成了民间最重要的宗教。不仅老百姓信，连士族豪门也都跟风信奉。比如赫赫有名的琅邪王家，世代信奉天师道。书法大师王羲之写字之余，就修持天师道。

天师道渗透到民间后，发生了很大的流变。各种天师道支派间也有了很大不同。王羲之信的天师道和浙江渔民信的天师道就不会完全一样。浙江沿海一带主流的天师道，是一种扎根在民间的、带有浓厚巫术色彩的信仰。

张鲁时代的天师道，还是相当理性有序的。它对信仰仪式有严格的规定，信徒的狂热被细心地抑制。但是，在孙恩策动的大叛乱中，天师道信徒中间却爆发出了嗜血、破坏、残忍的野蛮狂热。孙恩的信徒无法像200年前的天师道信徒那样，建立一个稳定的神权王国。他们能做的是大规模地破坏。我们有理由相信，至少在浙江沿海的天师道里，非理性的狂热已经占了上风。在这200年的岁月里，天师道一定发生了某些重要的变化。

二、 性爱与狂热

一对青年男女在密室之中对面站立。一个长者站在旁边，注视着他们的一举一动。那个男子就要进入这个女人，而这个女人也将怀着庄严的心态接纳男子的进入。那个长者则会以欣慰的心态看着他们性活动的全过程。他并不是害了窥淫癖。他是这对男女的引渡者，引领他们在享受性爱的同时，也进入一个超凡脱俗的神圣世界。这对男女将借由性爱成为神灵的选民。

早期天师道有一个规定：信徒到了20岁，就必须由师父为他举行过渡仪。如果是过了20岁才入的道，那么要补办过渡仪。所谓“过渡仪”，就是男女在公众场合按照一套很复杂的仪式进行性交，和基督教某些异端教派举行的“黑弥撒”有些类似。整个仪式非常烦琐，绝不仅仅是做爱那么简单。

其程序大致如下：要接受仪式的男女弟子进入密室，向师父致意。师父按照八卦安排他们站立的方位，男左女右，互相叉手。按照道理来说，这时男女弟子首先要凝神思考，想象天上的神灵、体内的真气，顺便再进行吐纳呼吸。但是他们到底想什么，师父当然并不知道。然后，他们一起跪在地上，向神灵跪拜。跪拜结束后，他们改为坐姿，再向许多神灵依次祈祷。经过这么多祈祷之后，才算是给神灵有了交代，可以进行性爱活动了。

首先他们彼此按摩抚摸，按照道教高雅的说法，是“开命门，抱真人，婴儿回，龙虎戏”，具体内容我不知道，知道了也不能讲。这些前奏完毕之后，主持仪式的师父为弟子脱下衣服，两个弟子裸裎相见，两手交叉，面对面伸直两腿，开始“布九宫”，也就是真正的性交活动。其体位大致是男上女下，男子俯卧女子仰卧。两人头冲南，脚冲北，双手向两侧伸开，形成“大”字形。性交过程中，师父可能还会做一些现场指导。性交结束后，男女再进行一些舞蹈动作，同时还要念一些咒语，男的念：“神男持关，玉女开户，配气从阴，以气施我。”女的念：“阴阳施化，万物滋生，天覆地载，愿以气生臣妾身。”随后，男女再念一些其他的咒语，主要仪式就结束了。剩下的后续仪式包括回神、吐纳、谢师等等。

在密室中观察男女弟子做爱仪式的，除了主持仪式的师父以外，可能还有这些男女的家长。这些男女不能彼此挑选。不能像搞对象似的，两个人看顺眼了，就扯着手报名参加过渡仪去了。谁和谁演对手戏，得由师父指定。这样一来，这种性爱仪式，当然就不可能局限在夫妻之间。

天师道认为，这种过渡仪可以使信徒从童年进入成年，从混乱无序的世俗社会进入神圣世界。参加过这种仪式的信徒就此成为“种民”。就像基督教术语里的“选民”一样，种民是神圣世界的候选者。这明显是来源于远古时代的生殖崇拜，许多远古宗教都有类似仪式。魏晋时代，中国的民间信仰，残留有很多原始巫术的内容，天师道的过渡仪，就是在此大环境下才能流行起来。

这种性爱仪式对于传统社会伦理是一个挑战。无论是佛教还是儒教，都视这些仪式为淫秽不堪的邪术。到后来，道教也想把自己身上比较原始的成分清除掉，往主流文化那儿靠拢。他们觉得很难为这种仪式辩解，就索性否认这是正宗道教，把它给禁绝了。

这种仪式对早期的天师道，一定有很深的影响。过渡仪有助于增强信徒们的小团体观念。参加过这种仪式的男女，他们和世俗世界之间，在心理上会有一个很深的鸿沟。这种仪式可以成为他们之间共享的秘密。而外界的不见容，正可以使这种秘密显得更加珍贵。“我们”和“他们”的对立，就从这种秘密中孕育生成。一旦这种观念得到强化，他们对这个团体的忠诚度就会非常强烈。

我们可以想象，一个妇女如果参加过过渡仪，她的心理会有何等强烈的变化。天师道之外的人会把她视为淫荡的女人，只有天师道的教友，能够理解她的行为。如果天师道这个团体消失了，她的所作所为就只能被视为淫邪，连她自己在内心深处都无法为此辩解。

但是只要这个团体还存在，只要那些教友还和她在一起，她的行为就是神圣的宗教献礼。她会对天师道产生何等强烈的依赖感，自然是不言而喻的事情。

许多秘密宗教中都有一些外人看来很奇特的皈依仪式，这些仪式在本质上来说，都是要把“我们”和外界隔绝开来。林冲当年落草，王伦让他下山杀个人以做“投名状”。这个“投名状”其实和这种仪式有类似的功效，不过更加赤裸裸一些。

除了过渡仪，天师道还有许多让信徒宣泄情感的渠道。它既有一些狂欢的聚会，也有公开的忏悔苦行仪式。

这种交替生成的欢乐和痛苦，能够激发出信徒极端的情感。被日常生活压抑太久的民众需要这些“宗教的假日”来忘掉理性，让自己随着情感之舟，在忘我的信仰海洋上随意东西。在这种宣泄和宗教理性之间，有着一种微妙的平衡。没有忘我宣泄的宗教往往缺乏活力。但这种宣泄如果被无止境地刺激出来，就会让这个宗教变得狂热而缺乏节制。

民间流行的天师道，把宗教祭祀活动变成了群众性的欢宴聚会。据说，天师道创立之初，严格禁止淫祀，并且不得用血食祭祀鬼神，在活动中，也不允许吃肉喝酒。但是随着天师道在民间的自由传播，这些规定很快被淡忘了。而在浙江地区，本来就有巫觋传统，《后汉书》就记载说：“会稽俗多淫祀，好卜筮。”广大人民既然有这样的需要，天师道也就很快调整了态度，与民同乐。天师道的聚会很快变得其乐融融。

按照《玄都律文》上的说法，在这种聚会上，信徒们大呼小叫，饮酒食肉，男女杂处，欢笑取乐。据有些攻击天师道的人士说，这样的祭祀还经常会变成混乱的杂交宴会。说那些信徒“男女杂沓，如野兽然”。这样的说法听上去颇为骇人视听，似乎是一种污蔑。但是乱交聚会并不比“过渡仪”更为奇特，孙恩确确实实领导大家做过性乱交。

在东晋时代，人们的性观念远较后来开放，而道教本身又沾染了古代巫术的传统，从来不视男女性爱是什么羞耻的事情。初期的道教都很重视“合气”。所谓“合气”，按照道教的说法，就是合男女阴阳之气。按《剑桥中国秦汉史》的说法，就是“用一整套复杂的性交技术来进行性滥交”。性交聚会在这些教徒眼里，正是体现了天人化生的大道。《道经》上说，“男女婚嫁，恩爱交接，生子种人，永永无绝”，本来就是很体面的事情。

在天师道的欢宴上，人与鬼似乎和平共处，同饮共欢。可能和不可能的界限变得模糊。人们从日常的劳苦工作中解脱出来，社会处于一种“休假”状态。埃里亚斯·卡内提在《群众与权力》中曾描述过这样的欢宴：“这里对男人来说女人太多了，而对女人来说男人也太多了。没有要顾虑的事和人，没有什么东西是需要逃避的，生活和享受在节日期间有了保障。许多禁令和距离都不再存在，完全不合惯例的亲近不仅被允许，而且受到了鼓励。在这里，密度极大，大部分人都是平等的，这是一种放纵和享受的平等。”

这样的欢宴是对平时生活的一种反叛。它和真正的社会反叛有一种潜在的联系，我们把它看成是社会反叛的一种象征物。“祭祀典礼与叛乱骚动的相伴相生，在历史上是常见的事情，从一方到另一方，冲动与欢乐互相置换的事件屡见不鲜。”从对日常生活的叛乱到真正的社会叛乱，需要迈出关键性的一步。这一步一旦迈出，叛乱也将被染上狂欢的激情。

三、 大动乱

会稽城门外有一个很大的鼓。一旦有人敲击，它发出的鼓声震彻天地，可以一直传到几千里外的洛阳城。故老相传那是越王勾践所造。公元401年，会稽城被天师道的军队占领，这个鼓也被乱军击破。这时，人们看到有两只白鹤从鼓中飞腾而出，向天边飞去。从此这个鼓再也发不出声响。人们就称这只鼓为潜鹤鼓。

这个传说就像是关于宗教的一个寓言。曾经流传天地间的信仰，在它的内核深处，未尝没有一个像仙鹤般美丽的梦想。但是当它用钢铁的刀撕破了自己的肉身，那个梦想也就离它而去。它不再能震动天地。它是哑的鼓，熄的火。也许它能慢慢修复自己，也许它就永远沉默。

击破这只鼓的天师道军队，是由孙恩发动起来的。

孙恩出身于低等士族。他的祖辈中，出过一个孙秀。这个孙秀在西晋晚期政局中是个大人物，曾经得到赵王伦的信任，在洛阳呼风唤雨，权势极大。富可敌国的财主石崇就是因为得罪了他才葬送了性命。孙秀看中了石崇的歌姬绿珠，公然向石崇索取。石崇虽然怕孙秀，却还是舍不得，就叫出了府上的一大群女人，说你看中谁，牵谁走，但是绿珠不行。孙秀就翻了脸，找个借口把石崇抄家问斩。不过孙秀也好景不长。赵王伦在政治斗争中落了势，孙秀也被处死。自此，孙家的势力一落千丈。到了东晋晚期，也只是个小族。这时，孙家出现了一个关键性人物，他使孙家的命运发生了不可思议的变化。这个人就是孙恩的叔父孙泰。

当时在浙江，有一个叫杜子恭的人。他居住在钱塘（今杭州附近），是当地天师道的一个首脑人物，据说会不少法术。关于杜子恭的神通，有一个流传最广的故事，说他向别人借了一把切瓜的刀。后来主人向他索要，他却不肯还，只说“回头就给你”。这人损失了一把刀，不过倒也没说什么，一把刀么，赖了就赖了，以后不借就是了。后来他坐船到嘉兴，忽然有一条鱼自己跳到船舱里，把鱼剖开以后，里面居然是那把刀。刀是还他的，鱼就是利息了。在怀疑论者看来，这个借刀给杜子恭的人明显是个托儿。但是当时人对这件事大多深信不疑。

孙泰拜这个神人为师，学会了全套法术，就动手在浙江沿海一带传起天师道来了。孙泰把他新学来的骗术和民间天师道里的巫术传统结合得很好。小小骗术骗倒民众无数，狂热聚会又使这些人心醉神迷。当地人像崇拜神一样崇拜他，很多人变卖产业来侍奉他，把孩子奉献给他，以求他的祝福。这个粗俗的骗子轻而易举地获得成功。迷信像野火一样传遍了浙江。

孙泰的名声越来越大，以致中央政府感到了威胁。

当时执掌朝政的是司马道子、司马元显父子。谢安死后，东晋的皇帝孝武帝觉得还是自家人比较可靠，于是提拔亲弟弟司马道子做了朝廷首脑。司马道子和他的皇帝哥哥，一君一相，堪称绝配。两个凑一块儿就搭伙喝酒，落了单就自己找人喝。司马道子经常一喝喝一宿，喝得蓬头垢面，脑昏眼花。司马道子周围的人除了和尚尼姑，就是马屁精。孝武帝死后，其子即位。司马皇叔继续执政，继续喝酒，继续和那些马屁精鬼混。

这样一个人物执掌朝政，如果不出乱子，简直就对不起他。终于，兖州刺史王恭纠集北府军，以清除司马道子身边的一个马屁精为名，进军建康。司马道子无力处理危机，只能把该马屁精斩首。但是这解决不了根本问题。明年王恭带着兵又来了。司马道子的儿子司马元显虽然当时只有 16 岁，却比他父亲有才干得多。这个少年领兵出征，对抗王恭。经过一系列军事斗争和政治交易，叛乱总算平定。王恭的脑袋也被砍掉了。

此后，司马元显的地位陡升，他老爸越来越靠边站。司马元显后来索性翻脸。一次，司马道子喝酒喝得不省人事，元显就趁机把他老爸的重要官职剥夺，自己担任扬州刺史。司马道子酒醒了以后，发现自己从政府首脑变成了一个闲老太爷。

司马道子对孙泰这个神棍很不信任，怕他在浙江惹事，就把他流放到广州。结果事态发展出人意料，孙泰走到哪里，就把“革命”的种子传播到哪里。广州的百姓也被孙泰迷惑了，像浙江百姓一样，纷纷信从。广州刺史也为之动心，甚至给这个流放犯一个太守的官职，孙泰的魅力可想而知。

后来孙泰虽然返回浙江，但是回家后也没闲着。在王恭叛乱中，神人孙泰挺身而出，召集了几千民兵，说是要为朝廷出力。后来力虽然没出上，但是孙泰从中发现，原来靠自己的号召力，整出一支军队并非难事。孙泰觉得民心如此，不用诚为可惜，当下积极筹划起事。大量江浙居民积极响应号召，团结在神人孙泰周围。正在孙泰要大展宏图的时候，却忽然被司马道子派人来砍了头。原来是有人告发他图谋不轨，司马道子很难得地清醒了一把。孙泰的六个儿子也都遇难，只有孙泰的侄子孙恩跑了出来，逃到一个海岛上。

在普通人看来，法力无边的神人这么轻易地被砍头，信徒们应该会醒悟才对。可是这样的事情是不会有的。所有的狂信者都有扭曲事实进行自我安慰的本能。孙泰的信徒们坚持认为孙泰没有死，而是蝉蜕成仙了。他们继续效忠仙人孙泰的侄子孙恩。孙恩在海岛上纠集了100多人，靠支持者们奉献给养维持生活，随时准备找时机杀回去报仇。

不久，这个机会由司马元显双手奉上。东晋政治始终存在着结构性矛盾。首先，建康中央政府和上游荆州就一直有潜在的紧张关系。一开始的时候，荆州的军事力量占据上风，所以当年王敦才能顺利攻克建康，后来的桓温才能顺利遥控建康。但是随着北府军的崛起，情形为之一变。只要建康政府能够控制北府军，就能够抵御甚至压倒荆州方面的力量。可是中央政府和北府军的关系也很复杂。其中最大的一个麻烦，就是建康朝廷里的士族们，军事和政治能力都越来越退化，渐渐控制不住北府军的军头。最终，建康、荆州、北府成了三支博弈力量。荆州和北府军各有一支旗鼓相当的军事力量，而建康拥有法定的政治权威。这样一来，局面就越来越不稳定。

司马元显破坏了三者的脆弱平衡。东晋政府和上游荆州的关系恶化，而北府军又采取中立态度，大家都预感到会出现一次大规模内战。为了对付即将到来的战争，建康政府急需组织一支像样的军队。江浙是东晋朝廷唯一能直接控制的地区，司马元显决定从这里大规模征兵。当时江浙的豪门往往把家奴释放，使之成为他们的“客”，就是依附于他们的佃农。司马元显决定从这些人身上打主意。他下令征发这些“免奴为客者”，把他们集中到建康服兵役。司马元显给这些人起了个好听的名字，叫“乐属”，意思就是“高高兴兴来当兵的人”。但是这些人并不“乐属”。他们本来在老家好好种地，现在忽然要抛家弃子，被弄到建康当兵，怎么会乐意呢？难道士兵是什么正经职业么？晋朝的军户多是劳改犯专业的贱民，谁愿意去干这个行当？豪门当然也不乐意。自己的人被政府白白拉走，一点损失也不赔偿，还要求他们欢欣鼓舞，实在是强人所难。政令颁发后，据说是“东土嚣然，人不堪命”。

孙恩的机会来到了。公元399年十月，他带着百十来个手下登陆，一举攻破上虞县（今浙江上虞），宰杀了县令。江浙八郡的人本就怨气冲天，忽然看到仙人的侄子大法师孙恩来了，当下云集响应，纷纷杀死地方官，听从孙恩号令。十几天之内，孙恩的部众已经膨胀到20多万人。孙恩率军向浙江重镇会稽（今绍兴）进发。

会稽长官王凝之，是王羲之的儿子，家学渊源，也信奉天师道，思维方式也是五迷三道。他对道友孙恩采取了天师道的抵抗方法。他既不出兵，也不设防，天天躲在道堂里念咒磕头，想要把孙恩的进攻咒垮。他手下一再请求发兵，王凝之却声称没有这个必要。他说自己已经借了鬼兵把守各个要冲，每一处都安排了好几万，还不用吃军粮，那是万万不会有闪失的。但是鬼兵明显没有出力，孙恩的军队席卷而来，沿途没有和鬼兵交手的迹象。会稽迅速陷落。王凝之在鬼兵保护下，仓皇逃跑，但还是被捉住杀了头，儿子们也都没有幸免。

王凝之的妻子谢道蕴，此刻表现比丈夫强上百倍。谢道蕴是谢安的侄女，也是当时有名的才女。一次，谢安曾经指着雪景让子弟们描述，谢朗说：下雪啊，就像在空中撒盐。谢道蕴则插嘴道：不如说“柳絮因风起”。后来曹雪芹写林黛玉之时，还用谢道蕴咏柳絮的才情来比拟她。

谢道蕴对酷爱天师道的丈夫很瞧不起，说："天地之间，居然有王凝之这样的家伙！"值此危难之时，谢道蕴的表现证明了她完全有资格瞧不起丈夫。这个贵族女子的勇敢和自尊绝不逊于文采。她抽刀出门，砍杀了好几个孙恩的手下，被捉住后，她抱着3岁的外孙，来到孙恩面前。孙恩下令杀死这个孩子，她喊道："这是王家的事。你要杀只该杀王家的人！这是我的外孙刘涛，你要杀他，就一定得先杀了我！"孙恩被她的勇气所感动，放过了这个孩子。

孙恩的宽容仅仅出现过这一次，他在叛乱中表现得极为残忍，无情地四处杀戮。信奉天师道的信徒们却视这种残忍为神人气魄。心中的野蛮火焰一旦被点燃，便在信徒间互相感染，大家很快进入了一种忘我的癫狂状态。天师道的欢宴仿佛在整个江浙大地上举行，只不过这次信徒们欢饮的不是酒浆，而是鲜血。

孙恩的信徒们自称"长生人"。他们似乎相信世界末日就要来临，一切的毁坏都是有益的。孙恩的信徒都向会稽拥去，会稽成了他们心目中的圣地。这些长生人朝圣所经之地，处处是一片废墟。他们掠夺财物，焚烧房屋粮库，填塞水井，大规模制造毫无意义的破坏。他们被压抑得太久，此刻正陶醉于破坏的欢乐之中。能随意毁坏东西，杀戮他人，而且还是以神圣世界的名义，这怎么能不让人欣喜若狂呢？有人不肯跟从他们，就被阖门处死，连孩童也不能幸免。他们杀死县官以后，都把他们剁成肉酱，强迫他们的家人吃。谁如果坚持不吃，就会被肢解。这是从心底里喷出的仇恨之火。当被压迫者和压迫者互换位置以后，他们表现出的是同样的残暴，甚至有过之而无不及。

更残酷的一幕还在上演：那些女信徒们同样急于赶往会稽，有些妇女因为有婴儿拖累，无法上路，就把婴儿投到水中，说："祝贺你先去了仙堂。在那里等着我吧，我很快也会赶去的。"

东晋朝廷的形势非常危险。江浙是建康朝廷唯一能直接控制的地区，如今大半沦于孙恩之手。建康周边城镇，处处有天师道的信徒起事。建康城中，也多有孙恩的信徒，居民恐惧异常，觉得灾难随时可能降临。孙恩见此局面，觉得形势一片大好，对手下说："天下已定，咱们只需要穿上官服，进建康城就是了。"建康方面已经没有退路，只能紧急部署军事力量。朝廷任命谢琰（谢安之子）为指挥官，率军南下，同时又调动北府军，由刘牢之指挥，与谢琰合军讨伐孙恩。面对孙恩这样毁灭性的叛乱，北府军和建康政府间的恩恩怨怨就没那么重要了，刘牢之全力出击。

天师道信徒虽然人数庞大，却多是平头百姓，只有激情没有作战经验。这次叛乱匆匆起事，军事组织也颇为紊乱。孙恩的主要力量在钱塘江以南，江北的天师道信徒一盘散沙，根本无力对抗正规军。北府军方面快速推进，直逼钱塘江，一路没有遇到像样的抵抗。孙恩不再说收拾衣服去建康了，马上改口，说："逃跑，并不丢人！"孙恩放弃浙东，带着20多万人向东逃跑。

那些好不容易赶到会稽朝圣的信徒们，发现圣地就要沦陷，如狼似虎的北府军正以惊人的速度向这里挺进。按照惯例，北府军对这些天师道道友肯定要秋后算账，这些信徒们也只好跟随孙恩逃亡。孙恩把许多财物和女人遗弃在逃亡的路上。北府军一路忙于抢劫财物，奸淫妇女，追赶速度大大降低，孙恩才能带着部众侥幸逃到海岛。岛上有孙恩的大本营，囤积了大量物资，正可以做他反攻的根据地。

北府军控制浙东后，也热衷于杀戮抢劫。长官也许是想杀人立威，震慑这些叛民。而士兵们一直给人瞧不起，被当成贱民。如今这些贱民来到了富庶的浙江，东西可以随便拿，妇女可以随便奸，长官又不大干涉，又怎忍得住不甩开膀子大干一场呢？已经被天师道信徒烧杀破坏过一次的浙东，又遭到官军的洗劫。城市里一时渺无人迹，过了一个多月，才慢慢有人从城外返回。

但是，天师道信徒的力量并没有被摧垮，狂热的欢乐依旧记忆犹新，心中的仇恨也仍在继续燃烧。浙东依旧是一个随时会爆炸的火药库。

孙恩以海岛起事，沿海又是天师道信徒聚居地区，所以他拥有一支相当规模的水军。相比之下，北府军方面多是步兵和骑兵，对海岛上的天师道信徒一时没有办法，只能暂时采取防守姿态。谢琰被任命为会稽太守，都督浙江沿海军事，防备孙恩。谢琰出身望族，比起王凝之来虽然强一些，但也没有什么战略才干。将领们劝谢琰加强战备，他的回答是："当年苻坚带着百万大军入侵，结果不照样被我们谢家一举摧垮？孙恩小小贼寇，败走海岛，能苟延残喘已经喜出望外，哪还能复出？要是他真不知死活，敢来骚扰，那是老天让他自取灭亡！"

结果400年五月，孙恩再次从海岛出动，成功地在浙东登陆。上虞县依然首当其冲，第二次被攻破。谢琰匆匆率领军队迎击孙恩。有人建议谢琰不要冒进，选择合适地点布阵设防，同时调集水军，但遭到他的拒绝。双方遂于山阴县展开决战。

在海岛的几个月里，劫后余生的孙恩部众经过整顿，战斗力已经今非昔比。谢琰的部队被诱入狭隘的塘路，步骑只能鱼贯穿行。孙恩军队从军舰上不断发射弓箭，封锁了塘路的出入口，切断了谢琰军的进退之路。被困在狭隘塘路中的军队迅速崩溃，全部覆没。谢琰被自己手下杀死，两个儿子也都死于军中。

谢琰军队覆没的消息使政府陷入恐慌。官员们清楚地知道就在几个月之前，被俘虏的前任是怎样被天师道信徒活活剁成肉酱的。这种恐惧驱使他们疯狂地杀戮。为了防患未然，仅仅吴兴一地，就杀死了好几千民众。动乱中，杀戮往往就是这样彼此刺激，螺旋上升。

建康调军围攻孙恩，又任命北府军名将刘牢之为战区最高长官，主持战事。经过半年的苦战，孙恩终于被再次赶入大海，逃回了海岛。局势又恢复到半年前的状态。北府军和孙恩军就像大象和鲸鱼一样，各自控制着陆地和海洋，虎视眈眈，却又一时奈何对方不得。躺倒在这两头巨兽脚下的，是被破坏得面目全非的浙东大地。

其后的几个月里，孙恩和官军又进行了多次的拉锯战。401 年，孙恩挫败了北府军大将，也就是未来的刘宋王朝的开创者刘裕，转军北上，于五月份攻破沪渎（今上海），一举杀死 4000 官军。以此为基地，孙恩开始集中全部力量，以做最后一击，结束这场漫长的战争。六月，孙恩集结十余万大军，楼船千余艘，逆江而上，准备一举占领建康。建康没有任何防备，登时陷入一片恐慌之中。政府下达戒严令，把手头军队派驻到各要害地点，同时紧急征召军队入卫。当时荆州刺史桓玄已经是建康政府的潜在敌人，从荆州不可能得到什么帮助。可供调动的只有豫州刺史司马尚之的部队，以及刘牢之的北府军。

刘牢之得知消息后，匆匆出发，想在半路上邀击孙恩，但是并没有赶上，就派刘裕为前锋，率军紧急入援，主力部队随即也向建康开拔。刘裕带着1000人左右的士卒，进行急行军，终于在丹徒（今江苏镇江东丹徒镇）赶上了孙恩。孙恩刚刚在丹徒登陆，占据了城西的蒜山。刘裕军队到达丹徒后没有休整就马上发起突袭，孙恩部队没有防备，被打了个措手不及，死伤很重，只好撤回到船上。但是这个胜利对战局没有多大影响。孙恩并不想在丹徒陷入阵地战，整顿士卒后直扑建康。胜利的刘裕只能眼睁睁地望着敌人远去。

司马元显带领水军和孙恩交手，想把他阻隔在建康城外。但孙恩的水军过于强大，迅速打垮了司马元显的水军。司马道子则和平时一样，显得无能至极，除了天天到庙里祈祷，就再也想不出什么应对之策了。建康城兵力虚弱，没有能力对抗孙恩。它就像一个唾手可得的猎物，孙恩从来没有离成功这么近过。刘牢之和司马尚之的军队正在驰援的路上，他们是建康城唯一的希望。建康城的命运如何，就取决于是孙恩的速度快，还是援军的速度快。

命运没有垂青孙恩。他的船队在长江中遇到了逆风。孙恩的船只过于高大，在逆风的时候，行进变得过于缓慢，用了好几天才赶到白石。而耽搁的这几天对建康城性命攸关。司马尚之的军队终于在孙恩之前赶到了建康城。刘牢之的军队也到达了建康以西江中的新洲。

孙恩犹豫了。他所面对的不再是一座单薄空虚的都城，而是重兵把守的要塞。他的军队虽然长于水战，但到底有没有能力和强大的官军进行陆地交锋呢？孙恩没有勇气发起进攻，终于放弃了这次冒险，扬帆北上。幸运从此离他而去。孙恩的命运沙漏里的沙子已经不多了。

孙恩军队北上后，虽然也攻陷了一些城市，但是没有取得大的胜利。刘裕带北府军精锐部队进击孙恩，在郁洲（今江苏连云港附近）击败了孙恩军。孙恩的军队在转战中损失很大，孙恩决定返回浙东，想在根据地里重新恢复力量。可是刘裕像附骨之疽一样，在后面紧追不舍。孙恩部众沿着海岸线南下，刘裕一路不断追击，累计杀伤敌军不下数万。这些天师道信徒曾由一股激情支撑，随着孙恩转战数百里，如今不断的挫败已经全然磨灭了他们的斗志，饥馑瘟疫又折磨着他们。这些部众成了一支没有希望的部队。孙恩没有选择，只好又从他登陆的地点返回了海岛。

一切似乎没有变化。但实际上一切都已经面目全非。那些昔日满怀激情赶赴会稽的信徒如今在哪里？那些把孩子沉到水中也在所不惜的女人在哪里？那些站在燃烧的房屋面前陷入破坏狂欢中的天师道信徒们又在哪里？房屋被摧毁，田野变得荒凉。死亡比比皆是，到处是饥饿困苦的难民。面对无可逃避的灾难，人们的热情已经渐渐熄灭。狂欢的节日宣告终结。

当孙恩数月后再次进攻浙东的时候，发现政府已经牢牢控制了局面。留给他的，只有一条死路。

17 个月的动乱导致大量的灾难。天师道信徒和官军表现出同样的残暴。《南史·孙法宗传》有一段关于孙法宗遭遇的记载。他的父亲追随孙恩逃往海岛，死在了海上；他的母亲的兄弟则活活饿死，他小小年纪四处逃难，到了 16 岁才返回故乡。这只是无边灾难中的一个微不足道的例子。在这个故事的背后，是无数被杀死、被饿死、被掠卖、被奸淫的生灵。当时在浙东，有许多无头的尸体，当亲人们为这些尸体下葬的时候，只能用草扎成脑袋，捆在尸体上面。这些无头死尸，就是那17个月大动乱的见证。

狂热的激情轻易地被点燃，但是没有人能够预料到，把它浇灭却需要如此多的鲜血。

四、结局

天师道叛乱之后，政府认识到了群众性宗教的危险性，对道教加强了控制，并最终导致了道教的大整顿。天师道的戒律、仪式、聚会都被纳入到一个统一规范之中。它对主流文化做了全面的屈服，放弃了在政治方面的抱负。此后，天师道再也没有尝试去建立政教合一的民间组织。

这场动乱对东晋政府是致命一击。此次叛乱把浙东富庶之地破坏殆尽。东晋高层士族多半集中在浙江一带，他们的财富和力量在叛乱中损失惨重。建康朝廷统治的基础遭到了根本性的削弱。多年的战乱更使军阀的地位陡升，他们越来越不像将领，而像是帝国的主人。东晋已经走向穷途末路。

在平定叛乱中崭露头角的刘裕，在18年后终于结束了东晋王朝，建立了刘宋王朝，时为公元420年。

宗教的狂热多半不能持久。大家在五迷三道之后，多半还是要老老实实回家过日子。对日常生活的烦恼和算计才是生活的主流。大众的日常生活像是历史的一道潜流，暗暗地决定着未来世界的模样。

第六章

如何过日子是一个更重要的问题

——那个时代的日常生活

一、 鳆鱼和老鼠

中国菜肴是公认的美食，花样繁多，做法非常精致。但是中国饮食并不是从商周时代就如此精致的。其中的发展变化，也有很长的一段道路。先秦时代，中国人一说整点好吃的，基本就是弄几个叫作“鼎”的锅子，在里面大块炖肉。这中间还有讲究，按照礼仪规定，国君吃饭，前面能支九个锅，里面可以炖牛肉；卿（高级官员）前面可以支七个锅，里面可以炖羊肉；大夫（中级官员）前面可以支五个锅，里面可以炖猪肉；士（低级官员）前面就最多只能支三个锅，里面也就能炖炖鱼肉。这样的饮食规定固然烦琐，吃东西的架势看上去似乎也有些气派，但按现在的观点看，也只能算是很土的吃法，不过是拿一堆肉一炖了之。中国真正的美食是在唐宋时代才趋于成熟的，到了明清则达到顶峰。

美食在晋朝还处于发育成长阶段，此刻的食物远远没有明清时代那么精美。但晋朝是美食发展史中很关键的一环。

真正美食的产生，大多需要两个关键性因素：首先，要有一个推崇炫耀性奢侈消费的环境；其次，这个高端消费者还要讲究文化品位。晋朝就高度具备这两个条件。

说到奢侈炫耀，晋朝就发生过历史上最有名的斗富。斗富的主角，一位是财主石崇，一位是皇帝的舅舅王恺。这个石崇在湖北的时候，靠抢劫客商快速发财，成为晋朝的首富。但是说起他斗富的手法，按现代人观点来看，也算不上什么了不得的手段。王恺用麦芽糖刷锅，石崇就用蜡烛当柴火烧饭。除了糟蹋点东西，对于饮食实在也没什么贡献，最多菜锅能带点甜味罢了。

要是把摆阔的因素去掉，只落实到饮食上，石崇似乎不值得太过羡慕。当时人说起石崇的饮食考究，举过一个例子，说他冬天能吃韭菜和艾蒿切细做成的腌菜，把王恺羡慕得要死。在晋代，大棚菜还没有发明出来，冬天吃韭菜和艾蒿，实在是不可思议。后来王恺贿赂了石崇的仆人，才打听出来，原来这个高级得要死的腌菜是冒牌货，是拿韭菜根捣碎了，然后再把麦苗切细了放进去混充的。王恺听了方才心理平衡。石崇知道消息泄露后，就把那个泄密的仆人给杀了。

不过，晋代的富人虽然冬天连韭菜都吃不上，但是他们也有我们吃不到的稀罕食物。晋朝开国皇帝司马炎有一次到女婿王济家做客。王济把菜都放在琉璃盘里，也不用饭桌，就让侍女们端着，请客人饮食。每个客人面前围一大堆女人，每人手里托个盘子。皇帝吃到了一盘蒸小猪肉，觉得特别好吃，就问王济这是怎么做的。王济就像王熙凤回答刘姥姥关于茄鲞的疑问一样，骄傲地说："这猪是用人奶喂大的，当然好吃！"皇帝听了以后，很是不满，没吃完就走了。

王济娶了皇帝女儿常山公主，这位公主是个瞎子，偏偏对丈夫看管得格外严，王济天天守着个瞎太太，所以转而在饮食上格外讲究，以求补偿，也是可以想见的。

至于当时的司徒何曾，并没有王济的苦恼，但对饮食也是一样苛刻。据说他每天吃饭要花掉 1 万钱。1 万钱折合成现在的货币，大约也是 1 万多人民币的样子。这样，何曾大人一年的饭钱差不多是 400 万人民币。可何曾面对饭桌，还是直抱怨说没有可下筷子的东西。他的儿子何邵比他更努力吃喝，花在饮食上的钱比他父亲翻了一番，一年要吃掉将近 800 万人民币，据说是“食尽四方珍异”。当时人认为，即便是皇家的御膳房，也未必比他家做的东西好吃。

事实上，何家的烹饪技术确实超越了御膳房。何曾吃馒头就一定要吃开花馒头，所谓开花馒头，就是用发酵的面蒸出来的馒头。现在人不把开花馒头当回事，超市里一堆一堆的。但在当时，这绝对属于高科技，御膳房里估计就没有。何曾到皇帝家吃饭，坚决不吃皇宫里的东西，食品一律自带。何曾还撰写过一本《食疏》，可以说对吃喝具有相当深厚的理论根底。在那个年代，食谱往往被当作传家秘籍，世代宝有，以供子孙享用。何家家学渊源，所以才有一年吃掉 800 万块钱的后起之秀。北魏的大政治家崔浩，也著有《食经》。这些文化人群策群力，把饮食拔高到文化层面，打造出中国饮食文化的品牌。

但是，西晋刚刚倾覆之际，这些美食家也过过苦日子。当时司马睿的建康政府穷得要命，吃东西也讲究不起来了。能弄到一头猪，大家就都觉得是个美味珍馐。尤其是猪脑门子的那块猪头肉，特别肥厚，大家估计是缺少油水，都觉得那块肉好吃得不像话，只有皇帝才能享用。凡是搞到了猪，都要把那块猪头肉割下来献给皇帝，以示尊敬。这块肉就被称为“禁脔”。这些美食家们现在混得连块猪头肉都吃不上，两晋交替之际实在是饮食业的谷底。但是很快，经济状况有了好转，这些美食家又奋起直追，讨还被错过的青春。到了谢安时代，又经常举办花费“数百金”的宴会了。

东晋时期，精美菜肴比起何曾时代，实在是有过之而无不及。随着美食的精进，大家开始热衷于吃各种稀罕物品。燕子腿、猩猩唇、黑豹胎都被抬上了饭桌。这些东西虽然未必好吃，但是由于稀罕，都被视为美味，吃了对人大有好处。这种心态在人性中极为常见。为什么烤孔雀总是比烧鸡昂贵呢？如果满大街跑的都是孔雀，母鸡却都栖息于深山野林之中，那么大家肯定觉得辣子鸡丁是大补的珍馐。

而且这些食客也舍得在吃上花钱。据《南史》记载，鳆鱼产自淮北，江南并不出产。当时淮北被北魏占领，江南鳆鱼价格暴涨。渴望吃到鳆鱼的食客舍得花掉3000钱买一条鳆鱼。当年何曾一天吃掉1万钱，搁到这时候，两三条鳆鱼就把何曾的饭费干掉了。

说到这里，我们需要考察一下当时的物价。魏晋南北朝时期的3000钱是什么概念呢？正常年景的时候，一斛米大约能卖到60—100钱，不同地区米价略有差别，但大致在这个范围之内。碰到特大的丰年，米价能降到一斛30钱，但这个价格是不正常的。一斛米大约是25斤上下（这取决于是粳米还是糙米）。如果我们按一斤米3块钱（2018年）来折算，那么1钱大约折合现在的1块钱多一点。这个当然是很粗略的估算，但可以帮助我们建立一个数量级上的大致概念。

当时人干一天活又能挣多少钱呢？《齐民要术》里说，到劳务市场那儿，出一天30钱的工资，工人都会抢着来干活。在魏晋南北朝的时候，这个就算是高工资了。这个工人如果不下岗，每天都能找到30钱的工作，又扎住脖子不吃不喝，把工资都攒下来，那么3个月以后，他就可以买到一条鳆鱼尝鲜了。

当然没人真那么干。但是一天30钱，如果什么都不干，尽数拿来吃掉，还是能吃得不错的。刘宋时代，衡阳王刘义季认识一个人，那人家里穷，又要奉养老母，结果搞得吃不上肉。刘义季就王恩浩荡，给他发了一个月 1000 钱的补贴，再加上一月两斛米，同时颁发一道旨意，让这人努力吃肉。这说明一天 33 钱就足够一个人吃上不错的伙食了。

有了这样的物价水准做个参照，我们可以大致推断出当时美食家的消费水平。

和这些美食家适成对照的，是饭都吃不上的穷苦人。动乱之际，饥荒频繁，饿死沟渠者比比皆是。领导都有吃不上饭的时候。比如德高望重的皇叔刘备，在落魄的时候，他的手下军吏，也都互相啖食。老刘自己吃没吃，我就不知道了。反正罗贯中说他吃过一个猎人的老婆，肯定他也是饿急了，但凡能有点挂面，刘备估计也不会非吃人家老婆不可。

淝水之战以后，苻坚的前秦王朝也同样面临刘备的困境。前秦四面楚歌，官员们也都三餐不继，长安城发生了历史上第 N 次的“人相食”。过春节的时候，苻坚想让大家过个肥年，凑了凑吃的，好不容易整出一顿宴席。赴宴的官员们都把肉拼命塞在嘴里不咽，回到家再吐出来给老婆孩子吃。

将军吃不饱，皇帝还有吃不饱的时候呢！八王之乱的时候，晋惠帝带着手下仓皇逃亡。大家手里都没钱，只有一个小太监带了 3000 钱，晋惠帝就以公家的名义硬给借了过来，用来路上买饭吃。后来大家买了粗米饭，用瓦盆盛着进献给皇帝。皇帝一口气干掉两盆，尚且意犹未尽。

西晋灭亡前夜，晋愍帝的饮食就更糟糕。匈奴人的军队围困长安城。长安城按照惯例，开始“人相食”。一斗米能值二两金子。

朝廷搜搜国家仓库，惊喜地发现里面居然有几十个大饼。但是这些大饼别人没份，晋愍帝自己一个人留着享用。但就算是他，也舍不得拿着饼就吃，他也明白“忙时吃干，闲时吃稀”的道理，就让人把饼弄成渣，熬粥喝。这样坚持的时间能长一点。其他人饿不饿死他可管不了了。撑到后来，这几十块饼也吃光了。皇帝开始挨饿。面对长安城大量饿死的灾民，皇帝可以给大家打气，要求大家继续坚持，不要做汉奸。但是现在自己也和贱民一样产生了饥饿感，所以他马上断定：不如赶快投降。他很严肃地对大臣说：“为了免除老百姓的痛苦，我下定决心：一定要投降！”

手里头有枪杆子的还混成这样，一般老百姓的境况更加可想而知。民间有说法是：“大兵如市，人死如林，以金易粟，粟贵于金。”人相食，在两晋历史上的出现，不知凡几。更有一些军阀带着武装部队，四处吃人，此情此景，真正是孟子所说的“率兽食人”。

苻坚的族孙苻登在苻坚大帝死后，继续打着前秦的旗号，和后秦的姚苌对峙。苻登就大规模杀人，更把敌人当成食物，称这些人为“熟食”。他手下的士兵经常吃这些“熟食”，据说吃了以后“饱健能斗”。作战前，苻登经常给士兵训话说：“你们早上作战，晚上就能吃到敌人的肉，何必担心饥饿呢？”姚苌面对这上万吃人的野兽，感到非常恐惧，他召集援军时，用语凄凉：“你们再不来，我们都要给人吃光了！”苻登的这支野兽军队最终覆没。如果苻登运气够好，能够成功创建一个帝国，那他会成为一个庄严的帝王，关于他率众食人的事情就会被小心地从历史上抹去。所以我读历史书的时候，总是怀疑那些成功者是不是都是一些食人的野兽。尽管他们把爪子缩回袍袖，做出一个圣人的嘴脸，但这种怀疑始终存在。

当然，在战乱时期连美食家们都没有猪头肉吃，那是特殊时期。但是即便在和平时期，普通人的粮食供应往往也有困难。《晋史》中记载了饥饿百姓的多种食谱，花样确实繁多：老鼠、树皮、石蕊、腐肉、树根等等，有时候还有人肉。这些往往就发生在贵人们一顿饭用万钱、用“百金”的时候。

鳆鱼和老鼠，构成了中国食谱的两端。它们同时存在于现实中，两者我们都无法否认，我们能否认的就是两者并行不悖的合理性。

但是，食谱中老鼠的存在也许反倒更加容易催生出昂贵的鳆鱼。如果知道有很多人在吃老鼠，那些贵族吃起几千钱的鳆鱼来，也许更会觉得滋味无穷。否则，谁能去解释，在古代中国这样一个饥荒频仍的地方，为什么会滋生出世界上最精美的饮食呢？谁又能去解释，为什么在一个穷人遍地的国度里，居然会消费如此之多的鲍鱼和燕窝呢？

二、 饮食起居

无论是老鼠还是鳆鱼，当然不会是餐饮主流。两晋期间，最重要的主食自然还是米和面。北方人吃面，南方人吃米，这个格局在当时已经大致确立。不过晋朝麦子和稻子的种植区域划分得不是特别严格。南方也有种麦子的，北方也有种稻子的。

麦子主要用来做馒头、饼、包子和麦饭。前面已经说过，在晋朝初期，发酵技术并没有普及，大家吃的多半还是死面馒头死面饼。这些死面饼落到胃里沉甸甸的，相当挡饿，但是不好消化，吃多了容易得胃病，何曾就坚决拒绝吃。历史学家认为这是他骄奢堕落之一明证，其实何曾也许有他自己的道理。

除了面饼馒头以外，当时人还喜欢吃麦饭。麦饭是拿麦面做的饭，估计是一种类似面糊糊的东西，比死面饼好消化。除了这些主食以外，当时人还会用麦子做馄饨。

至于大米，做法要简单一些，一般就是熬粥或者蒸米饭。当时稻子的产量远没有后来高，所以还是个比较高级的食物，比麦饭要贵。晋宋时候，官员的俸禄并不是都用钱来支付，很多是用大米来折的。刘宋时代有一个官员，领了俸米之后不吃，而是拿去换小米或者麦子。有人觉得很奇怪，就问他："拿大米换小米或者麦子，是能多换一点，但你又不缺这俩钱，何苦呢?"他回答说："我老爸老妈现在住在会稽，不见得都能买到大米吃，那我又怎么忍心独享'白粲'呢?"由此可见，即便在江南，大米也比麦子贵重，一般人不见得能吃上。

老百姓日常食物就是粮食加蔬菜。家境好的吃大米饭，吃不上大米饭的人家就吃小米饭、麦饭或者大豆饭。蔬菜的种类主要有冬葵、韭菜、茄子、白菜、大头菜什么的，做法多半是拿盐水泡起来做腌菜吃，主要是贪图放的时间能长一些。再有就是把菜熬了做菜汤吃。

肉是很难吃到的，即便是中上等人家，也多半都是请客的时候才吃肉，平时还是素食。北方人的肉食多是牛、猪、羊，南方人的肉食多是鱼。除此之外，鸡比较好养活，古代多是和牛羊一样放养。到了魏晋时候，改成圈养，鸡肉产量增长很快。无论在南方还是北方，鸡肉都是最便宜最常见的肉食。此外，鹅肉在南方也颇为流行，烤鹅肉是出名的佳肴。

牛、羊、猪肉的主要做法是煮和烤。烤，按照当时说法是“炙”。不光牛、羊、猪可以拿来“炙”，鸭子、鹅、黄雀、动物的下水都可以“炙”。烧烤这种做法在当时极为流行，不过吃起来有时候比较麻烦，往往得拿手撕或者用刀子割。除了炙以外，还可以拿锅子涮，方法和现在的涮羊肉差不多。这种烹饪方法是从西北羌族那里传来的，所以叫作“羌煮”。

鲜肉不容易存贮，所以当时人往往把它晒干了做肉脯。肉脯滋味比鲜肉当然差了很多，但很适于存放、携带，所以当时对肉脯的需求量很大。在洛阳城北 30 里有“干脯山”，上面有巨大的肉脯加工厂。

肉脯在当时可是个好东西，不是一般人想吃就能吃上的。晋朝的桑虞出门旅行，住在一个客店里。同宿的人早上起来发现自己带的肉脯不见了。这么宝贵的东西丢了，可怎么了得？他认为一定是桑虞见肉起意，趁自己不备，晚上偷偷吃掉了。桑虞听了以后，就像所有被史书大加褒奖的“长者”一样，没有辩解，当即把外衣脱了赔那个苦主。倒是旅馆老板替他抱不平，自曝黑幕，说附近盛产狐狸，经常跑到这个旅店里偷肉吃。他自告奋勇带着失主跑到狐狸窝周围去搜，果然发现了肉脯的残骸。这才解了这个官司。失主要归还桑虞的外衣，可桑虞拒绝收回，把衣服扔到地上就走了。顺便说一句，这个桑虞以前也干过这样的事。他家里有个果园，瓜果熟了以后经常有人过来偷瓜。桑虞觉得园子里荆棘杂草太多，怕小偷偷瓜的时候不方便，特意给小偷开了一条道。因为这些事，桑虞被唐朝人编修史书的时候列入《忠义传》，可我也不知道他忠在哪里，义在哪里。

鱼则可以做成羹。晋朝江南最有名的羹汤就是莼羹。莼羹的做法是把鲤鱼和莼菜炖在一起，煮沸后再加入盐豉。据说滋味鲜美无比。除了做羹，当时还流行吃“鱼脍”。所谓鱼脍，其实就是生鱼片，把鱼肉切得极细极薄，然后蘸上调料吃。如今日本料理中生鱼片被当成如何如何的美味，其实在1000多年前，就已经被中国人吃过了，只不过后来慢慢淡出了食谱。

做鱼脍最重要的是选料和刀功。原料中，最适宜做鱼脍的是鲻鱼和鲈鱼。至于刀功，那就更为讲究。当年孔子就说：食不厌精，脍不厌细。说明切得越细越好。据说晋朝的生鱼片能被切得薄如蝉翼，入口就化，当真是道美味。

魏晋时代南方人一提起莼羹和鲈鱼脍，没有不垂涎三尺的。西晋年间，吴郡人张翰到洛阳做官，天天就是牛肉羊肉，不免有些恶心。他看到秋风起，就食指大动，说：“我真想念老家的莼羹、鲈鱼脍啊！”当即辞官回家。有人劝他要有些上进心，不要为了点吃的放弃功名。他的回答是：“使我有身后名，不如即时一杯酒。”自此，他安心待在老家，努力吃莼羹和生鱼片。

当时的饮料，主要是酒、茶和奶酪。

魏晋是中国最为盛产酒鬼的一个时代。三国时期，吴国的郑泉就曾表达了酒鬼的心声：“最好能有一个能装50斛的船，里面盛满美酒，船两头再放上四时应季佳肴。我就躺在里面，使劲喝！喝累了，就到船头吃东西。吃累了就再喝！船里的酒喝了多少，就马上有人给补上多少。那该是多美好的生活啊！”

两晋名士，几乎无人不喝酒。喝酒喝得最出名的是刘伶。他无日不醉，喝醉了就胡闹，把衣服脱光了晃悠，人家劝他穿上衣服，他就胡说八道，说：“我穿着衣裳呢！没光着！天地就是我的衣服，你们怎么跑到我的裤裆里来了？”后来喝得身体不大行了，老婆苦劝他戒酒，他假装答应，让老婆准备酒肉，说要拿来当供品，在神前起誓，永远戒酒。老婆准备好了，他跪在神像前说：“天生刘伶，以酒为生。一喝就要喝一斛酒，醉了就再喝五斗，以毒攻毒醒醒酒。妇人之言，慎不可听！”把酒肉一扫而光。他平时出门就带着瓶酒，坐在独轮车上，让人推着他。再让仆人拿个铲子跟在后头，说：“我在哪儿喝死了，你就在哪儿挖个坑把我埋了。”后来他果然没有活得长久，估计是死于酒精中毒。有人说刘伶的生活方式里面有深刻的哲学思辨和人生哲理，但我觉得可能没那么复杂，就是患上了医生说的酒精依赖症。

酒是要用粮食来酿的。魏晋时代，经常有粮食危机。政府为此经常下达禁酒令，但效果都很差。美国在 20 世纪 20 年代就执行过严格的禁酒令，但是没能推行成功，反而造就了一大堆黑社会。晋朝的禁酒令命运自然也不会比它更好。

葛洪对当时的禁酒就有如下评价：“官府三令五申，严禁酿酒。差役们四处搜索，一批一批地捉拿违禁者。抓住了就使劲打，被鞭子活活抽死的为数众多。但是防范得越严密，顶风作案的反而越多。甚至有很多人专门挖掘地下室来酿酒。民间对酒，可谓情有独钟、矢志不渝。当官的自己也死命喝酒，却禁止百姓喝酒，这本身就不合理，政策怎么能执行得下去呢？有门路的家伙，就给领导塞红包，让领导给自己撑腰。结果他们酿酒卖酒，差役们就不敢干涉。能被禁止的，只能是那些无权无势的酒家。这样一来，这个行业就更加黑暗，奸利加倍滋生。”葛洪的说法说明，当时政府的强制政策执行到后来，往往就是这样弊端丛生，把聋子给治成哑巴。它们的作用多半就是把社会搅成一锅粥之后，再慢慢变成具文。也正因如此，终晋之世，老百姓一直没短了酒喝。

软饮料的生产政府不加禁止。茶和奶酪分别成为南方和北方的主要饮料。当时的茶的喝法，跟现在颇有不同，要显得油腻了许多。晋人先把茶叶碾成细末，加上油膏，做成茶饼。要喝茶的时候，就把茶饼捣碎，放上葱和姜来煮。这种喝法有点像西藏的砖茶。还有把茶和米混在一起熬成粥的，管它叫茶粥。现在人喝的茶在晋人眼里，可能就显得寡淡无味。

茶在江南十分流行，不管是士人还是百姓，多有喝茶的习惯。至于奶酪，则是流行于北方，想来是受了游牧民族的影响。晋代南北畛域之见相当深刻，对于食品也多有地域上的成见，争论起来比“甜咸豆腐脑”激烈多了。

东晋第一位宰相王导是北方人，他到南方后，着力结交南方士人。一次，他请手下的一个官员、出生于南方的陆玩到家里吃饭，席间拿出奶酪待客，陆玩吃了以后，很不舒服，回到家以后上吐下泻。第二天他给王导写了一封信，说：“昨天在你那里喝了奶酪，晚上差点没折腾死我。我虽然是南方人，却险些做了你们北方的伧鬼。”王导被说成伧鬼，倒也没说什么。虽然不是所有南方人都对奶酪如此不适应，但江南少有牛羊，而奶酪在当时又不易运输，所以自然也就推广不开。

北方人对茶也颇有抵触。南北朝时期有一个叫王肃的人，投降到北魏做官。开始的时候他不习惯北方饮食，还是吃鱼肉，饮茶水，后来终于慢慢被同化。北魏皇帝设宴的时候，他又吃羊肉又喝奶酪，显得胃口甚佳。皇帝问他："你南北方食物都吃遍了，现在你倒来说说，羊肉和鱼羹哪个味美？茶和奶酪哪个好喝？"这个南方人在北方皇帝面前，谀辞潮涌，作践家乡饮食道："羊是陆产的头筹，鱼是水族的翘楚。南北方各有各的口味，把它们都说成是美食。但是究其实际，它们俩味道可差远了。打个比方的话，羊肉好比泱泱大国，鱼羹只能算是蕞尔小邦，不可同日而语啊。"至于茶，王肃认为："茶么，就好比奶酪的奴才罢了。"打这以后，北方贵族习惯称茶为"酪奴"。

轻贱归轻贱，茶终究慢慢地在北方站住了脚跟。这个不仅是口味的问题，北方人口日渐繁衍，农耕区不断扩大，畜牧区缩小，奶酪慢慢在北方也供应不上了。形势终究比人强。茶慢慢翻身做主人，把奶酪逐出了中国主流饮料市场。这个局面在唐朝彻底确定。

在魏晋，饮食的方式也有了很大的变化。首先表现在聚餐方式上。秦汉时代，大家凑在一起吃饭，也都是每人面前摆一个桌子，饭菜都放到自己桌子前面，大家各自吃各自的。这种分餐比现在的西餐还要彻底。西餐好歹大家还凑在一个桌子上呢。可是到了后来，中国人就变成了合餐制，大家凑在一起，从一个盘子里夹菜。刚在嘴里吮过的筷子，又毫不犹豫地插进汤锅里去夹肉。体液的混合无疑有助于消弭国人之间的距离，促进一种团结互助、亲密无间的关系。

杂文大家梁遇春就曾经写过外国人对此的困惑。有外国人问道："听说你们中国人吃饭，有时要用直径好几尺的大桌子，上面堆满盘碟，大家就从那个盘碟里夹菜？"回答说："是的。"外国人又基于科学精神问道："那你们是怎么夹到桌子那头的菜呢?"回答是："我们的筷子也有几尺长!"外国人继续追问："几尺长的筷子？那确实够得着。不过用那么长的筷子，你们夹到菜以后，又怎么把筷子转回来送进嘴里呢?"回答是："根本不用转回来。要知道，我们中国人吃饭，是你夹到我嘴里，我夹到你嘴里的呀!"这是一种什么样的团结互助的友爱精神！有人说中国之所以长期保持大一统，是因为中国人用的不是拼音文字，或者是因为中国地理环境什么的。这些说法可能都对，但我觉得，这种基于体液交换的互助用餐形式恐怕也起了作用。

这个伟大的变化确立于唐朝。魏晋南北朝时期则是这个变化的重要过渡时期。也正是在这个时代，中国人的友爱精神开始占据上风，逐渐挫败了各吃各的就餐形式。

此外的另一个重大变化是吃饭的姿势。汉朝人吃饭都是席地而坐，臀部放到脚后跟上。行礼的时候跪也很方便，把腰杆一挺，就算"长跪"。到了魏晋，椅子开始逐渐进入日常生活。这个东西不是中国土产，而是从西域引进来的，所以当时都管它叫胡床。所谓胡床，颇为类似现在的折叠椅。这个东西在魏晋也是个比较稀罕的昂贵物件，一般人家未必能有，主要消费群体还是有钱人。根据《晋书》记载，贵人富室，都备有这个东西。吃"羌煮"（也就是涮肉）或者吃烧烤的时候，就坐在上面吃。此外，方凳、圆凳等等也都广泛被使用。从魏晋时代开始，人们就座时的海拔慢慢升高，也是到了唐朝，现代意义上的桌椅才最终成了寻常人家必备之家具。这种姿势比较舒服，但代价之一是下跪的礼仪，比汉朝时代显得更加卑贱。跪的时候，忽然比人家矬了一截，脑袋和人家裤裆平齐，其屈从之态，远比汉代为甚。

住房也是个问题。

当时尽有豪华住宅。比方富甲天下的石崇，他就有一所别墅，坐落在洛阳西北郊外的山涧之间，号称金谷园。金谷园占地甚广，亭台楼榭，土窟水池，散布其中。石崇自己曾骄傲地描述自己的这座园林："我这个宅子，旁依大堤，前临清流，江水环绕四周。宅内种了柏树近万株。里面又有楼台湖泊，鸟啊鱼啊所在皆是。家里又蓄养了众多歌姬，颇擅音律。出门就随意垂钓，享受美景，进屋就听歌读书，娱乐自己。我还钻研金丹，练习吐纳，有长生不老的远大志向。这样的生活，真是享受啊！"

在金谷园中，曾有过一次文人的盛大聚会。30个知名士人在此昼夜宴饮，游遍了金谷园。大家都诗兴横飞，每人都慷慨赋诗。石崇把这些诗歌编订成册，题为《金谷集》。它的序言上有一句话"感生命之不永，惧凋落之无期"，揭橥了金谷宴集的文化主题。金谷宴集也正借此在文化史上成就了盛名。

中国的事情就是这样，一群骚人凑一起吃顿饭，名气往往超过了打一次胜仗。那些文人手拿笔杆子，垄断了话语权，无限夸大自己的重要性。一点点自恋，一点点感慨，被发挥到风雅无边。他们在好客的主人引领下游览山水，唱和诗酒，也许确是高雅。但那些被石崇谋杀劫掠的客商对此不知会有何评价。

东晋的司马道子（就是和孙恩作战那位）也在自己的住宅上花了很大心思。他宠信一位叫赵牙的土木工程师。赵牙为他修筑了一所府第，筑山穿池，广种竹木，花费甚大。皇帝到他家里做客，赫然发现他家里居然装了一座山，心中有些不快，就对他说："你府里有山，景致确实不错，好得很呐！不过稍嫌奢侈，似乎不大符合我们勤俭节约的传统美德。”道子连声称是。皇帝走了以后，道子就对赵牙说：“要是皇上知道这山不是天然的，而是人工活生生堆出来的，你就死定了！”在住宅里硬是堆筑土山，其耗费之大，不言而喻。

一般的住宅当然没那么贵。士大夫寻常的住宅，大多是瓦房数十间。皇帝赏赐大臣住宅，一出手一般也是50间左右。按照当时的物价标准，建造一间瓦房，大体要花2万钱左右（约折合2万多人民币）。贵族们的房子想来修建得高级一些，多少要贵一些。考诸史籍，当时贵族购买住宅，往往花费百万钱左右（上百万人民币）。这个价格拿到现代的北京，一间房也买不了。晋朝的房屋价格确实算不得太贵。考虑到当时地广人稀，地皮远不像现在这么值钱，所以这个价格似乎也算合理。

价格现在看来固然不高，但是架不住大家收入更低。这样的房子，一般百姓也消费不起。两晋时代的民居，多是木构架结构，四周墙壁则用土做成，屋顶多置以茅草。厕所和畜栏也大多设在院内。用现代人的眼光看，这样的住房潮湿阴冷，下雨天还极容易漏雨。但能有个这样的房子亦属难得了，比这差的房子有的是。很多穷人无力做土墙木架，就拿草围成一圈，再加个草顶，就算是个房子了。当时人称这种房子为“蜗牛庐”，意思是说比蜗牛壳强不到哪里去。这样的“蜗牛庐”就像童话《三个小猪》里小猪的房子一样，风一吹都能吹倒。一碰到刮大风，就可能一下子变成无房户了。

晋代的居民也有类似现在房主的苦恼。他们也害怕自己这地皮被人看中，忽然就被撵走拆迁。西晋的齐王扩建住宅，把周围的几百家居民全部赶跑，好为他的府第腾出地方来。这几百家居民得到赔偿了么？史书上没有记载。但我们没有理由设想齐王比现代的开发商更有良心。但是他们面对着推土机，又能有什么好办法呢？王爷们早已看穿了他们。这些老百姓除了喊喊嚷嚷，就再也没有手段来保护自己的财产了。

三、 行路难

当时人出门可是一件大事。道路很差，而且贼多得出奇。有晋一代，少有修葺道路的记载，抢劫商旅的贼头倒有不少被记入史册的。当时的道路状况相当糟糕。鲁迅先生说：世上本没有路，走的人多了，也就有了路。晋朝的路大多就是这么硬生生走出来的。政府很少在修路上费心思。倒是北方胡人政权，有过一些修葺道路的记载，两晋政府在这方面则几乎毫无措置。道路晴天飞沙扬尘，一旦下雨，便泥泞不堪，或者干脆被泥水冲垮，无法通行。碰上河流，那就更加麻烦，旅客们往往只能等渡船。如果附近没有渡船，那就毫无办法可想，只能绕道。

桥梁也很罕见。西晋时期，经济管理能员杜预计划在洛阳北的富平津修建一座浮桥。修这么一座桥在当时就是一个浩大的工程，引起了朝廷的热烈讨论。几乎所有的人都说风险太大，大家还引经据典说："如果这是一个聪明主意，难道古代人会没有想到么？如果这个桥能修得成，为什么到现在还没有修？"这样的反驳几乎让杜预无法回嘴。

但是晋武帝司马炎支持了他的计划。富平津浮桥终于修成，皇帝还带着百官赶往剪彩。这说明修桥绝对是一个大工程。修完了之后，朝廷马上派了一堆官坐在桥头收过路费。没钱？没钱也好办，你可以游泳过黄河。

道路恶劣也就罢了，咱们费些力，会游泳的游泳，不会游泳的掏钱，对付着总能到地方。但是奈何土匪太多。前面已经说过，石崇就是靠抢劫客商，快速致富，要知道，他可是当地省政府的长官啊。领导都带头当土匪，旅途安全还能有什么指望？东晋的征西将军戴渊（就是替司马睿打仗，被王敦杀死的那位），也算是官宦出身，老爸当过吴国的会稽太守，但他年轻的时候也热衷于剪径行当，带着一帮子人劫道，有一次劫到了江南大姓陆机的头上，陆机看这个土匪头子指挥调度，颇有章法，按书上的说法是“虽处鄙事，神气尤异”，就是说干的虽然是下流行当，但看上去像个人物。双方经过激烈搏斗，又化干戈为玉帛，结成朋友。这个戴渊后来也做了晋朝的领导干部。

但是晋朝要出门的人偏偏又格外多。当时兵荒马乱，产生了大量的流民。尤其是南方的政治局面变化太快，一个王朝说完就完，经常发生大规模的战乱。每逢此时，都有许多流民迁往南方。整个中国都是流民交错，而由北至南的交通线则最为紧张。沿长江一线，到处都有等待渡江的难民。按照后人估算，迁往北方的流民能占到当地土著的六分之一以上，在比较富庶的江南，这个比例更高。如此大规模的迁徙不但发展了运输业，更滋生了大量的土匪。抢劫流民是一个投入少、见效快的朝阳产业，无数有志之士投身于此。可以说，晋朝史几乎就是流民史，而流民史也是土匪史，大量的土匪完成了财富的二次分配，晋朝南下道路上的累累白骨见证了这一分配的力度。

对付这些土匪的办法就是结伴而行。在头人的带领下，大量流民聚集一起，壮年男子围护前后，老弱妇孺走在中间，结伴缓缓而行。除了同属一个宗族的流民以外，和尚尼姑、三教九流的单客往往也挂靠于此。富于冒险精神的独身旅客往往命遭不测，这种旅行团却能提供一定程度的安全。

当然，晋朝也有相对稳定的时期，即便混乱年代，也有相对有序的地区。所以情况也并非总是如此糟糕。但是对一般百姓而言，出门从来不是易事。

首先要准备旅费。晋朝的主要道路上都有客栈，所以如果有钱的话，路上饮食还不是太大问题。一般出远门的标准是准备几千钱，当时史书记载的旅费，从 1000 钱到 5000 钱不等。看来旅费大致也在这个范围内。这笔钱可不是一个小数目。要知道，当时打工的干一天，也不过是 30 钱。即便是 1000 钱，也超过一个精壮劳力的月工资。要是凑不出这笔钱，那就享受不到客栈的食物，只能自己带干粮上路了。

东晋的魏咏之，家住山东任城。他长相有个毛病，天生一个兔子嘴。晋朝是个非常重视相貌的时代，丑八怪活得往往很压抑。魏咏之到了 18 岁，再也受不了自己的兔子嘴了，说："丑成这个样子，活着有什么意思?"他打听到荆州有一个大夫能治兔子嘴，就决心前往求治。但是他没有路费，就带了几斛米上路了。几斛米够他吃一两个月的，去趟湖北倒也够了。几斛米按正常物价计算，怎么也到不了 1000 钱，带粮食上路当然更省一些。但是奇在他连路费都凑不出来，那个湖北大夫怎么肯免费为他治疗？难道他不要交住院费、检查费？难道他不交钱大夫还不给他停药？这倒不是。根据史书记载，当时的荆州刺史看了他的兔子嘴，大为同情，所以给他免费医疗。魏咏之的兔子嘴被治好后，心情愉快，排除杂念干工作，很快走上了仕途，一口气干到了荆州刺史。

我们放下兔子嘴的治疗费用，再来谈旅费问题。几千钱虽然已经是很像样的旅费了，但是对领导干部来说，那实在是太寒酸了。晋代的官员上任，地方上要奉送迎新钱，意思就是安家费。卸任了，地方上也要有所表示，要送“送故钱”，就是回家的旅费。发展到后来，地方上甚至设置了专门的官吏负责迎新送故，做得相当职业化。

旅费一送就很豪阔。吴郡太守卸任的时候，地方上送的差旅费就高达数百万钱。即便太守只吃鳆鱼，这笔钱也够他买成吨的鳆鱼，吃个几年都没关系。吴郡是个富庶地方，给的旅费格外丰厚，但并不富裕的临海郡太守卸任，据说地方奉送的旅费也有百万钱。太守相当于现在的市级官员，省级官员的送故费想来也只多不少。

但是这些太守们拿了这许多钱上路，在路上却不需要多少开销。如果沿途有官府设置的驿传的话，他就可以得到免费供应。这些开销也要摊派到当地老百姓身上。官员们不光可以在里面免费吃喝，甚至还可以搞到车马。这样一来，这笔开支往往就很巨大，当地百姓很难负担。因此之故，晋朝的驿传到后来往往难以维持，多有废弛。对于政府正常运转来说，当然是件不好的事情，但对老百姓来说，这实在可喜可贺。

政府连驿传都很难维持，却还曾打过算盘，要把私人旅店一网打尽，通通转成国营。在晋朝，私人旅店似乎还不够多，不少行人往往要露天住宿。偏僻一点的道路往往压根儿没有旅店。但是按照总量来看，也是颇为可观了。西晋政府提出了堂皇的理由，说这些私人旅店里往往容纳奸人，何况里面难保没有做人肉包子的黑店；而且上升到理论高度，说这样鼓励大家舍本逐末，放弃农业从事第三产业，对社会大大不利，所以应该一体取消，收归官府经营云云。

官府提出的经营方案是每十里安置一个官府经营的旅店，安排一些老头小孩去工作，官府官吏则负责按屋收费。大家只要一看就知道，那些冠冕堂皇的理由都是烟幕弹，这个方案真正的重点是在"收费"二字上。西晋著名的美男作家潘岳听了这个方案以后，觉得大大不妥，写了个意见书，大大称赞了私营旅店的好处：

旅店自古就有。旅客需要旅店来住宿，店主经营这个赚点薄利，彼此贸易，各得其所，不是很好的事情么？《论语》中提到过旅店，《春秋外传》里提到过旅店，曹操的诗里也提到过旅店。从古到今，从来没有过不许大家开旅店的规定。只有商鞅说开旅店不对，但商鞅是什么好东西么？有了旅店，旅客冬天可以在里面取暖，夏天可以在里面避暑，缺少东西可以在旅店里买到，牛累了也可以在里面歇脚，弄点草料吃。这是多么美好的局面？

如果由官府来经营旅店，那会是什么情形呢？潘岳做了悲观预言：官营旅店规定了开门关门的时间，可是旅客走路可不会那么按时按点，你到时候一关门，旅客给关在荒郊野外，不更方便盗贼抢劫么？你们说私人旅店败坏法律，那你经营官营旅店的人，就都是好人？官府在首都附近桥梁上设了收费站，派了一堆官员去监督，经常检查收支，还会有贪污事件发生呢。现在你弄了一群烂污人去经营旅店，他们没有竞争者，享有垄断性的权利，又缺乏监督，这些人一定会变成盘踞道路的害虫，坑害百姓，欺瞒政府。

所以，潘岳的结论是：还是不要乱来，应该允许私人旅店经营，让它们彼此竞争，使旅客能自主选择旅店，这才是老百姓所需要的。

官府的这个国有化方案最后胎死腹中，没有实行。这样的方案违背起码的经济法则，实行下去一定不会有好结果。

官府即便真出于大公无私的心理，要为老百姓做事，制定出一个积极的公共政策，这个政策也很成问题。这个政策书面上看上去可能好得很，所有老百姓都该一起焚香磕头，感叹遇上了朝廷的富民政策，自己应该发愤图强，干好本职工作以报效朝廷圣德于万一才是。但是政策一旦执行下去，所有的地方官员都会一起努力，把它变成一个搜刮老百姓的坑人法规。用潘岳的话来说，“弄了一群烂污人”在那里，能干好什么事情呢？可是你把谁放在那个位置上，他都会以惊人的速度变成“烂污人”。

何况朝廷也是一个追求自身利益最大化的小集团，指望他们心里没有自己，只有百姓，那实在是有点太苛求，违背了基本人性。历代都有一些保守派坚决反对“与民争利”，主张朝廷采用“小政府”的政策，尽量不要干预经济生活。他们的观点似乎不符合现代管理法则，但我们一定要理解他们的苦衷。这些保守派从经验中得知：任何完美的规划，经过官僚机构的咀嚼消化，都会变成穿肠毒药。

潘岳的意见书里，有一句话值得注意，“牛累了也可以在里面歇脚”。他这么说，是因为在当时，牛不光是种地用，还是最重要的交通工具。刘邦刚建立汉朝的时候，马匹匮乏，连给皇帝拉车的马都凑不出颜色相同的。当时觉得是很没有面子的事情。但是到了魏晋，皇帝都开始坐牛车了。贵族官员、平常百姓，坐的就更是牛车了。西晋时期，皇上出门的时候，宫门大开，御林军前行清道，只见皇上坐了一辆牛车，缓缓而至。皇后、太子等也各坐牛车跟随。恭候于御道两侧的官员胆敢违反礼制，冒犯法驾，就有人用红棒子揍他。宝相庄严，美不胜收。

当然，马车并没有从社会上绝迹。马车在北方也还存留不少。朝廷典章里，也使用马车，比如皇家大典时皇上乘坐的金根车，就使用了六匹马。还有用于军事的追锋车，也是驾两匹马，速度极快，据说一昼夜可以跑400里。这种车相当于当时的法拉利，在晋朝人看来，实在是高级死了。后来的外族人建立的王朝，也经常使用马车。

但是在西晋时期，马匹终究较少，而当时的文化时尚里又不把坐牛车当成没面子的事情。现在富人攀比轿车，你坐的是奔驰，我坐的是凯迪拉克。但大家不会攀比坦克车。晋朝的富人也是如此，他们可以攀比牛车的高档与否，但马车并没有进入他们的消费范畴。如果大家都坐个牛车，你突然坐了个马车，这就好比你开了个坦克车到了富人俱乐部，引起的不是艳羡而是惊奇。

大家一说到牛，好像都是空有气力但行动慢悠悠的笨家伙，但是在晋朝，牛似乎跑得并不慢，他们看上去更像西班牙的斗牛，而不是庄稼地里的老黄牛。石崇和王恺斗富的时候，就和现在的大款们一样，在交通工具上大加攀比。石崇有一辆牛车，驾车的牛看上去也并不特别神勇，好像还比不上王恺的牛。但是他和王恺出城游玩，回去的时候提议要飙车，看谁的牛车先进入洛阳城。石崇的牛跑开了以后，速度惊人，据说像鸟一样快。虽然我从没见过像鸟一样快的牛，但书上就是那么写的。王恺的牛累得要死也赶不上这头像飞鸟一样的牛。后来王恺多方打听才搞明白，毛病并不出在牛上，石崇的牛并不比他的牛更牛，问题在于石崇的车夫技术比较高明，在牛奔跑的时候，他把车的重心压在一侧的辕上，这样才能跑得如此之快。

王恺的牛其实非常好。他给自己的牛起名叫“八百里驳”，意思是这头牛一天能跑 800 里。后来人吹嘘千里马，晋朝人吹嘘千里牛。王恺对这头牛非常引以为豪，认为它是“神物”，没事了就让人把莹粉涂在牛角和牛蹄子上，就跟现代人喜欢给车打蜡一样。王济，就是那位用人奶喂猪的驸马，要王恺拿那头牛和他打赌射箭。王济下的赌注是 1000 万钱（上千万人民币）。这么看来，牛车一点也不比豪车便宜。王恺的箭术一向比王济高明，也就答应了，并让王济先射。王济若有神助，一箭正中靶心。王恺的神物当下就输给了这位驸马。王济守着瞎眼公主久了，似乎心理有点变态。他射完箭后坐回到交椅上，命令手下：“把这头 800 里驳给宰了，烤了牛心来我吃！”过一会儿，这个牛心拿来了，他吃了一口就扬长而去。王恺的能值上千万的牛转眼变成了一堆牛肉。其暴殄天物之程度，无异于把法拉利砸了卖废铁。

后来的东晋王朝，马匹更少，那里只产牛不产马，偶尔通过贸易搞到一些马匹，也主要用来骑乘，很少把它们用在拉车上。所以东晋时期的牛车更是一统天下，马车基本绝迹。从皇帝到百官再到庶民，坐的都是牛车。谁要是坐个马车，可能还会让人笑话：什么年代了，还坐马车?！真土！

宰相王导的老婆曹夫人，嫉妒心比较强，不允许王导讨小老婆。

王导虽然怕她，但讨小老婆的热切心理实在按捺不住，就偷偷瞒着夫人，另外买了一个宅子，在里面安置了一堆小妾，抓空就去快活。不料东窗事发，曹夫人带了一群手下，杀往这个外宅，要把这些小妾好好收拾一顿。王导得知消息后，惊慌失措，恐怕那些小妾们吃亏，马上让人备好牛车，赶往外宅。王导的牛似乎没有石崇的牛那么快，王导非常焦虑，探了个身子拿麈尾（麈尾是个很高雅的东西，清谈的时候拿它来挥舞助兴）猛打牛屁股。这件事情在朝廷被传为笑谈，司徒蔡谟拿这事撩拨王导，说："听说朝廷要授予您九锡。"九锡是九种象征身份的器具，也是古代臣子所能得到的最高荣誉。王导听了以后，就表示谦虚："朝廷太客气了。我哪里够资格？受之有愧啊受之有愧啊。"蔡谟说："好像这次九锡里面没有别的东西，只有短辕牛车，长把的麈尾，方便您来赶牛啊。"王导饶是好脾气，也被气坏了，后来见了人就说："南渡之前，我在洛阳和上流人物谈笑风生，啥时候听说过有什么蔡谟？"

牛多，所以牛车多，但是在中国，人比牛还多，所以除了牛车以外，自然还有人抬的轿子。当时这种轿子叫"舆"。皇帝坐的则叫"辇"。最气派的辇方八尺，上下有两层。抬辇的人有 36 个之多，充分显示了我国地大物博，人口众多，列强不敢犯也。明朝张居正官居宰相，权倾朝野，他回家奔丧时，坐的就是 32 人抬的大轿子，虽然轿夫比晋朝皇帝的少了 4 个，但轿子内部更加豪华，里面分成会客室和卧室，还有两个小童在内服侍张居正。这样的轿子，现今的劳斯莱斯哪能比拟？社会效益也很可观：不但解决了 32 个人的就业问题，还不费汽油。有人说美国是建立在轮子上的国家，古代中国就是建立在人脖子上的国家。轮子和脖子的比例关系决定了社会的深层结构。

除了这种36人抬的大轿，还有用人比较少的小轿。最小的轿子叫版舆，是两个人用手抬的。用后来的北京话来说，这就是穿心杠。不过这种穿心杠虽然看上去寒酸些，但速度只怕比皇帝的御辇要快。36人抬着一个庞然大物，如果能行走如飞，倒是一件怪事了。

除了轿子，还有一种人力车。这种车相当于后来的黄包车，靠人力牵挽。史书上记载的“羊车”，其实就是古代的黄包车。这种车由头上梳羊角辫的儿童牵引，所以叫羊车。晋武帝后宫女人将近1万，一到晚上，皇帝就像布里丹的驴子一样，面临选择的痛苦。他不知道该去哪儿睡觉，就坐上羊车，在后宫里随意溜达，走到哪儿就在哪儿歇宿。写《晋书》的人不懂羊车的真实含义，以为真是用羊拉的车，就编造说晋武帝的女人为了让皇帝跟自己睡觉，就在地上洒上盐汁，吸引拉车的羊到自己这里来。这当然是胡说八道。拉羊车的是小孩，孩子们又不喜欢在地下舔盐汁，洒上一吨盐汁也是没用。

可以说，工业社会以前的交通工具，在晋代已经差不多全部出现了。但是，一般的平头老百姓，是没有牛车羊车坐的。他们出门，靠的就是自己两条腿。能凑齐旅费就算不错了，更多的连旅费都凑不齐，不得不扛着粮食，徒步跋涉在泥泞的道路上。

对于皇家制度、文章典籍，乃至贵族生活，我们都可以找到一些资料，但是，普罗大众的日常生活却绝少见于史籍。唐宋时代有诸多笔记杂篇，里面记录了不少平民生活的细节。可是在晋代，这样的笔记却绝无仅有。被后代文人推崇备至，认为尽得士子风流的《世说新语》，里面描绘的也都是贵族生活。

两晋时代，中国的社会等级划分非常严格。士人之下的平民，几乎不被当成人看待。那些千万平民，被历史完全遗忘。他们仿佛消失在空气之中，血肉无存。我们知道石崇和王恺的斗富，但却不知道被石崇杀死的仆从的名字。我们更不知道他们过着什么样的生活，有着什么样的平凡欲望和琐碎烦恼。他们是沉默的大多数，也是被遗忘的大多数。

而正是那些靠自己双腿奔波在危机四伏道路上的寻常百姓，才是两晋社会真正的支柱。他们构成了社会舞台的最基本的框架。在舞台上演出的人对他们虽然视而不见，但他们却是社会存在和演进的基础。他们像是我们脚下的大地一样坚实，被人遗忘但却顽强地支撑着大地上的一切。

第七章

让我用冰冷的身体来拥抱你

——异性与同性之爱

在生活之中，还有一个重要部分，那就是爱情。爱情可以是异性之间的，也可以是同性之间的。但无论是哪种爱情，它都应该是美好的。可是现实往往并非如此。爱情在那个时代，也有着自己的独特的命运。

一、 佳人难再得

名士荀粲在当时是一个特立独行之士，曾公然宣称儒家的六经典籍不过是圣人之糠秕，在叛逆青年中是一个领军人物。但是这样一个愤青却有一颗敏感细腻的心。他娶了将军曹洪的女儿，婚后和她情好欢爱，琴瑟和谐。史书中称，荀粲和妻子“专房欢宴”，把感情完全倾注在妻子一人身上。后来，这位著名的美人得了重病，高烧不退。荀粲焦急之情无法抑制。他把衣服脱掉，大冬天里跑到院子里，把自己冻得浑身冰凉，然后再回去抱着妻子的身体给她降温。我们当然知道，他这样做是荒唐的，他完全有其他办法降温，但荀粲无非是想分担妻子的痛苦，这对妻子也许于事无补，但对荀粲却是一种安慰。

但是妻子依旧去世了。荀粲无法从悲痛中自拔，一年之后，也撒手人寰。荀粲以前曾说过：“你们所说的妇德我毫不看重，我要的只是她们的美貌。”但当他丧偶之后，看到他无法自制的悲痛，有朋友对他说：“以你的身世，以你的才华，再找一个美女又有何难?”荀粲的回答是：“佳人难再得。”荀粲失落的不是美女，而是爱情。

“佳人难再得”这句话出自李延年的一首歌：“一顾倾人城，再顾倾人国，宁不知，倾城与倾国，佳人难再得。”李延年是汉武帝的私人歌手，他像司马迁一样，因为犯罪被处以腐刑。一个阉人尖着嗓子来讴歌美女，想来总有些怪异。但这确实就是这首千古名曲的首次亮相。李延年吟唱的这首歌曾让汉武帝听了龙颜大悦，向李延年打听哪里有这样的“佳人”。根据李延年的介绍，他的妹子就是这么一个“佳人”，当下汉武帝就把李延年升格为自己的大舅子。除了色欲大动以外，恐怕很难用别的词来形容汉武帝听此歌时的感受。汉武帝像个典型的帝王一样，在权力腐蚀下已经很难容许有任何无私的情感。

但是这里也并不是没有爱情的影子。

李延年的这位妹子李夫人后来不幸死去，汉武帝悲痛莫名，将李夫人的画像挂在宫内，旦夕徘徊于画像之侧，思念之情无法抑制。他特意请来一位叫少翁的术士，让他为自己召唤李夫人的魂魄，好能再见上一面。少翁为武帝作法，安排汉武帝坐在纱帐之中，叮嘱他只可静观，不要冲动。不久，汉武帝看见帐外隐隐约约有一个美人，曼立款行，神态模样与李夫人毫无二致。汉武帝拉开帷帐，冲上前去，而这个影像已经烟消云散。汉武帝悲伤地作歌道：是耶！非耶！立而望之，奈何姗姗其来迟！

后来，汉武帝又作了一首悼念词《落叶哀蝉曲》：“罗袂兮无声，玉墀兮尘尘，虚房冷而寂寞，落叶依于重扃。望彼美之女兮，安得感余心之未宁？”

这确实是爱情。但只是有限的爱情。同样就是这位汉武帝，在求仙的时候，曾庄严宣布：“要是我能成仙，抛弃自己的妻子儿女，那就像抛弃一双旧鞋一样。”但是神明没有为汉武帝的大无畏精神所感动，汉武帝依旧病死在卧榻之上。不知在垂死之时，他是否曾追忆起那首“佳人难再得”的歌曲？正是那首歌曲，把他引入了其生命中最美好的一段情感。

而在荀粲死后大约300年，北齐的皇帝高洋曾在更恐怖阴森的气氛中唱过这首歌曲。高洋是历史上最癫狂的一位皇帝，估计也是有史以来，酒精摄入量最高的一位皇帝。高洋杀人的花样已臻至境，达到了“为杀人而杀人”的境界。他的传记大部分篇幅都是记载他怎么杀人，怎么喝酒。可以说，他的一生都无怨无悔地投入到杀人和喝酒的事业中去了，最后终于死于酒精中毒。这位暴君有明显的精神疾病，是一个无法为自己的行为负责的病人，但他却掌握了帝国的最高权力。

他的感情世界也狂乱晦涩，时常爆发出野蛮的兽性。他宠爱一位姓薛的歌妓，把她接入后宫，封为贵嫔。后来高洋偶然想起她曾跟别的男人睡过觉，就忽然发难，把这个不幸女人的脑袋砍了下来，揣在怀里，外出赴宴。宴会上，大家喝得正高兴，他忽然从怀里掏出血淋淋的人头，扔到桌子上。所有人看之无不变色。高洋把薛贵嫔的尸体大卸八块，用腿骨做了一个琵琶。曾是自己怀中欢爱情浓的女人，如今变作了手中的琵琶，此情此景，宛如魔鬼传说中的阴暗情节。

高洋弹奏着这个琵琶，反复唱着荀粲口中的“佳人难再得”。高洋的头脑已经被酒精麻痹成了一头疯兽，但他仍有一点残存的人性，他为这个女人准备了盛大的丧礼。高洋披头散发，哭泣着跟在丧车的后面。此刻在这个半人半兽的怪物的心中，到底在想些什么？在他拨动琵琶，吟唱“佳人难再得”的时候，可曾有过一丝爱情的光焰在心头闪过？也许有吧，如果充满了占有和狂荡的情感能够被称为爱情的话。同样的一句歌词，承载过汉武帝的色欲、荀粲的爱情和高洋的疯狂。

爱情始终存在。即便在那些野蛮的年代，在那个尸体布满大地，血色浸染天空的年代，爱情依然存在。荀粲用他冰冷的身体，用他的话证实了它的存在。那句歌词被色欲污染，被狂野玷污，可又在荀粲的口中焕发出了它原有的光彩。

爱情曾被诋毁，女性也曾被践踏。《三国演义》里有一个著名的故事：刘备曾经饿着肚子到猎户刘安家投宿。刘安无法控制自己激动的心情，非要请刘备吃一顿，可一时没有野味，就当即把自己老婆杀了，煮熟了献给刘备品尝。据说曹操听说了这个“好人好事”以后，也非常高兴，按罗贯中的说法是“感其大义”，奖赏给这个忠义兼于一身的先进人物 100 两金子。在这里，夫妻之间何曾能看到一点爱情的影子？又何尝能看到一点人性的影子？

在被肢解零离的猎户妻子的阴影下，还有那个裸身忍受寒冷、为爱人悲愁的荀粲。爱情依然存在。

但是中国历史上多的是伪君子和真畜生。按照这些家伙的理论，荀粲的行为是不值得表扬的。为一个女人脱光了挨冻，这说明他好色说明他愚蠢。把老婆的肉给领导吃，说明他忠君说明他良善。这样的伦理栽培出了难以计数的撒谎精和偏执狂。

这里要提到的一个撒谎精叫王祥，他是琅邪王家的一位先祖。这位王祥声称自己在冬天也挨过冻，但其旨趣与荀粲大异。王祥的母亲死得早，他的继母像所有古代传说里的继母一样，是个坏女人。她想尽一切办法来欺负王祥。有一年冬天，她就丧心病狂地提出要吃鲤鱼。王祥没有本领拿凿子去凿冰，也没有烧点开水去浇化冰面，而是脱光了衣服躺在冰面上，想把冰烘化了。然后冰果然就自行融化，两条鲤鱼自己跳了出来，扑入王祥怀中。这当然是一个明显胡说八道的故事。传说中无条件服从恶毒继母的王祥，被视为做人的楷模，名列二十四孝图，供后人学习瞻仰。王祥赤身躺在冰上捉鲤鱼，被高度表扬；荀粲在冬天冻自己给妻子降温，在当时却遭到了嘲笑。即便是以豁达为特色的《世说新语》，也把荀粲的故事放到"惑溺"类，因为在当时还没有爱情这个字眼，古人实在不知道该如何形容这种行为，只能含糊地将其归为荒唐一类。

古人对爱情的忽视，背后也有它自身的逻辑。古代中国强调社会应该以大家庭（最好是家族）为单位，而不应该以核心家庭（夫妻、孩子）为单位。大家庭是中国伦理的支柱之一，而要维持一个大家庭，夫妻之间如果有强烈的情爱，反倒是很麻烦的一件事。对于一个核心家庭来说，爱情可以成为维护家庭的最强有力因素，但对大家庭来说，那反倒是导致分裂的不安定因素。我们不难猜想，夫妻之间越亲密无间，"分出去单过!"这种罪恶思想的种子越容易在他们心中萌芽、壮大。

如果回顾历史，我们可以发现，总体来说，以核心家庭为伦理基础的社会，男女情爱的地位就比较高。反过来，提倡大家族的社会，则往往轻视爱情。正如宋江所说："江湖上的好汉若是犯了溜骨髓的毛病，便叫人好生耻笑。"

古代大家庭里，夫妻表现出亲昵是不体面的事情。比方丈夫要是出门几天，按规矩回家了要先到父母那里请安。如果在那里见到妻子，他也不应该表现出什么欢喜，点点头就可以了。他应该陪着父母话家常，直到父母开恩说："好了好了，你跟你媳妇下去吧。"要是他胆敢不顾羞耻，扯着媳妇的手，表现得很高兴，就会被说成"没出息!"。这其实是大家庭里对夫妻关系的一种控制机制。夫妻的亲昵被尽量置于一种隐秘的、次要的地位，这样才有利于大家庭的维系。在这种机制之下，爱情就像人的内裤一样，成了一种多少有些可笑的东西。

有出息的夫妻当然依旧很多。比如西晋的太尉何曾，就格外地有出息。他和自己老婆一年不过见三四次面，每次见面都像接见外宾一样隆重。何曾打扮整齐，何夫人也穿戴好凤冠霞帔，俩人面对面地坐好，互相敬酒，祝对方长寿。表达完自己美好祝愿之后，就各自退席，然后就几个月不见面。我想何曾的老婆要是发烧，何曾应该会到床前慰问："祝夫人身体早日康复!""保重身体!"然后就出门该干啥干啥去了。这样的夫妻，得到了史书的表扬，称赞何家"闺门整肃"。

但魏晋是一个儒家伦理趋向松散的时代。大家族依旧存在，甚至比以往更加强大，但是支撑它的伦理基础，却有了微妙的变化。

昔日大家恪守信奉或者装作恪守信奉的东西，到了魏晋时代，开始出现了松动。比如荀粲就认为圣人固然还是圣人，但他们留下的典籍都是僵死的，真正重要的东西是那些文字无法表达的"意"。既然真正重要的是不可言说的"意"，那么怎么去追寻这些"意"呢？合乎逻辑的结论就是：这种追寻就只能是私人性的，要依靠自己的悟性。那这就等于说每个人都可以自己去理解，甚至去颠覆传统伦理规范。在这种追寻中，出类拔萃者们发现了自我的存在。或者丑陋或者美丽，或者高大或者卑鄙，但那毕竟是真实的自我，而不是那个傀儡般的套中人。

晋朝的大将军桓温曾和名士殷浩做过长期的政治斗争，并最终将殷浩斗败，逼他下野。桓温与殷浩之间曾有过一段著名的对话。

桓温问殷浩："卿何如我?"殷浩回答是："我与我周旋久，宁做我!"殷浩虽然是个无能的将领、颟顸的官员，但他的这句回答却是如此伟大，使我只能原句照录，不再做任何翻译。

荀粲和殷浩的话都是当时那股时代洪流的一部分。无数以往的价值规范在魏晋时代轰然坍塌，一个空旷而迷茫的伦理原野展现在时代大门之后。

殷浩在大门后寻找到了真实的自我，而荀粲则寻找到了火一样灼热的爱情。

卷入这股洪流的，不光是荀粲这样的名士。那些士族中的女性，自然也不能独立于此种风气之外。她们也已经开始颠覆整肃的闺门了。晋朝的名士兼高级官员王浑，和他的太太坐着聊天，正好看见儿子在面前经过，王浑骄傲地对太太说："有个这么优秀的儿子，真是让人欣慰。"他太太回答说："要是我嫁给你弟弟，生出的儿子比这还得强!"

东汉的班昭（女）曾经大义凛然地写下《女诫》，热烈呼吁所有女性都来当狗。《女诫》的细节内容我不再一一列举，大家看看篇目就可以知道班女士的心得体会。全书共有七篇：卑弱、夫妇、敬慎、妇行、专心、曲从和叔妹。

但此时已经不是班昭的时代。

谢安的太太钟夫人管丈夫管得很严。她自己有时候也看歌舞，但谢安一进来，她就让人拿帐子把舞姬挡起来，让谢安看不成。谢安熬不得，想讨个小。但是自己又张不开嘴，就安排一些亲戚朋友给老婆做工作。这些人就缠着钟夫人，给她讲解《雎鸠》。“关关雎鸠，在河之洲；窈窕淑女，君子好逑”，大家解释说外面有“窈窕淑女”，谢安想去“逑”一“逑”，替丈夫讨个小，真是贤惠。钟夫人就问：这是谁写的诗？大家都说：这是圣人周公写的。钟夫人说：“怪不得。要是周婆写的，就不会是这样的了。”

后来人把钟夫人的话当成个千古奇谈，觉得这蠢话说得怪有意思的。其实蠢的不是钟夫人，而是这些评论家。夫妻之间的爱情如果没有嫉妒和独占性，恐怕是不可想象的。我想只要人类社会形态和人的基因不发生大的根本性的变化，配偶间的嫉妒都是不可避免的。没有嫉妒的爱情毕竟算不得爱情。

魏晋的女性们有了强烈的自我意识。她们明白了爱情的美妙，明白了情爱是值得向往值得追求的。

韩寿偷香的故事就颇有意味。西晋的头号重臣贾充，有一个叫贾午的小女儿。贾充在家中宴请属下官员的时候，贾午从幕帐之后偷看，忽然发现里面有一个小帅哥，英姿飒爽，眉目俊秀，当下颇为心动。回到内室后她向丫鬟们打听那人是谁，可巧有个丫头知道那人叫韩寿，是自己以前的主人。贾午“发大感想”，做梦都梦见韩寿。这个丫鬟就前往韩寿家，做起了女说客。她对韩寿说自己的女主人如何如何艳丽动人，又如何如何对韩寿一往情深。韩寿听了以后，情绪非常激动，决心要采取行动。当下这个丫鬟就来往于贾午和韩寿之间，将偷情措施安排妥当。韩寿既是帅哥，又是运动健将，敏捷过人。到了晚上，韩寿就到贾府，翻墙而过，在丫鬟的指引下，到贾午卧室之内，做起情爱之事。家里上上下下，都毫无察觉，只有贾充眼光比较敏锐，发现小女儿“悦畅异于往日”，不过也猜不透其中缘故。

事情被察觉起源于一种外国香料。当时西域向晋朝皇帝进贡一种奇特的香料，涂在人身上，一个月香味都不会散去。皇上视为奇宝，只将它赏赐过贾充和另一个高级官员两人而已。贾午也觉得这是个好东西，只有用在自己情郎身上才不算糟蹋，就私下将它送给了韩寿。韩寿少年心性，当即把它用将起来。韩寿浑身香喷喷地上班，引起了上司贾充的警惕。贾充提鼻子一闻，觉得这是西域香料的味儿。贾充的脑筋马上高度开动，联想到家里的香料，联想到女儿“异于往日”的悦畅，联想到韩寿的那张小白脸……贾充回家后马上展开了调查，发现自己的院墙有些问题。他把贾午身边的丫鬟捉来一通恫吓拷问，发现了自己女儿的小秘密。这件事情以喜剧结尾：贾充安排了女儿和韩寿的婚事。

得到爱情的不止荀粲与韩寿。那个掉进茅坑的王戎，他的妻子就喜欢用“卿”来称呼他。“卿”在古代，是上对下表示亲近的称呼，丈夫对妻子可以用“卿”，妻子对丈夫则应该用敬语。王戎对妻子的习惯不满意，说你这么乱叫不符合礼法。王夫人做出了动人的回答：“亲卿爱卿，是以卿卿。我不卿卿，谁当卿卿！”就是说：我亲你爱你，才叫你“卿”。我不叫你“卿”，谁还有资格叫你“卿”！王戎听后无话可说。

这些有着火热情怀的人物在中国历史上熠熠生辉。那个用冰凉的身体安慰妻子的男人，那个用奇香来装点自己情郎的女人，让我们理解到：在血与火、毒品与酒、傲慢与狂乱的年代里，中国并不是一无所得。它产生了这些知道什么是爱情的男男女女。

二、 晋朝的偶像巨星

晋朝和现代社会在某些方面确有暗合之处，读晋朝历史，有时会让人感慨现在的流行风尚，往往也是“古已有之”，绝不像新新人类自认为的那样是完全割断传统，自创天地。

比如晋代就有超级偶像。虽然这些超级偶像没有留下相片，也没有可靠的画像，但是从书上的描写看，非常像现在的“小鲜肉”，并不特别阳刚，但是长得很精致。晋代人对这种形象比较迷恋，有时候甚至表现得相当疯狂。

比如西晋有名的才子潘岳。我们在《如何过日子是一个更重要的问题》一章里引用过他的一份奏折。他不仅能用优美文体撰写奏章辞赋，还生就了一副好皮囊。他容貌俊美，身姿修长，有玉树临风之态，飘逸飒爽之姿。洛阳城里的女士虽然未必会去仔细阅读他华丽的文字，但都很迷恋他的形象。当潘岳手持弹弓，周游于洛阳城中的时候，周围的女士往往蜂拥而至，手拉着手把这个帅小伙围在中间，向他温柔地抛掷新鲜水果。潘岳此时的神态想来和戴个墨镜被粉丝们团团围住的明星相仿：几分矜持，几分自豪，又兼有少许紧张。我们往往觉得古代女人为礼法所拘，比较羞涩含蓄，但是洛阳城的女士就一点不羞涩，她们大大方方地向潘岳投掷水果示爱。她们的情郎、丈夫，想来和现在男人想法接近：反正这些偶像高高在上，你再粉人家也够不着，不至于有出轨之虞，激动也是瞎激动，扔点水果就扔吧。

潘岳出门，往往满载新鲜水果而归。洛阳城中的另一位才子左思看潘岳如此受女人青睐，非常羡慕。他也打点出潘岳的模样，夹了个弹弓出游。但是左思很不幸。左思长了个猪头。他固然也很有才华，写出来的文章不比潘岳差，但对于一个丑八怪来说，文笔好实在是太小的一个优点。洛阳城中的妇女并没有贪图他的心灵美，看到这个丑八怪居然模仿潘岳，都怒火中烧，觉得“长得丑不是你的错！但出来吓人就是你的不对了”，一群坏老太太甚至冲上去啐他。左思“委顿而返”。

这些偶像很能反映社会的审美趋向。比如 20 世纪 80 年代的时候中国年轻人把高仓健当成偶像，流行装酷，一个个沉默寡言，做一脸坚毅状，大家看了都说好。但这样的人在晋朝是吃不开的。晋朝流行的偶像普遍容貌白皙秀丽。而且这些偶像一般都比较嘴碎，爱说话，最喜爱的娱乐就是聊天。沉默寡言的黑脸汉子在晋朝可吃不开。

过去评书里称赞人的相貌往往说：“眼见此人天庭饱满，地角方圆，四方阔口，豹眼圆睁，鼻如悬胆，目似朗星，端的一个好相貌！”但对一个晋朝大众偶像，这么说就不客观了。就该改成：“眼见此人肤如凝脂，唇赛点朱，面似月下白玉，腰如风中杨柳，口嘘兰麝，体溢芳香，端的一个好相貌！”

我这么说绝不是胡编乱造，空穴来风。晋人张翰曾作过一首《周小史》，是如此赞美一个美丽少年的：“翩翩周生，婉娈幼童。年十有五，如日在东。香肤柔泽，素质参红。团辅圆颐，菡萏芙蓉。尔形既淑，尔服亦鲜。轻车随风，飞雾流烟。转侧绮靡，顾盼便妍。和颜善笑，美口善言。”这是一个相当女性化的形象。这个周小史本身未必存在，很有可能是张翰按照自己理想杜撰出的一个美少年。

所以说，一千多年来，人们的审美眼光的变化不像我们想象的那么大。人们对精致秀美男子的偏好，其实一直或多或少地存在着，并不是我们这个社会独有的现象。

魏晋人士非常看重人的相貌和风度，翻翻《晋书》，凡是提到名流，很少不提两句这人的容貌风采的。按照当时的评价标准，帅哥首先要白，最好比女的还白。比如王导的皮肤非常白皙，手拿白玉柄麈尾，手和玉看上去浑然一体，大家看了都很羡慕。称赞起男人，也往往说是“玉人”，以表扬他的白皙。许多玉人或者想当玉人的男人，就坚持在脸上抹粉。前面说的何晏，就是一个典型。抹粉的风气相当流行，按照当时的说法是这些男人“胡粉饰貌，搔头弄姿”。

有点体香也不错。比方前面的韩寿，就拿着情人馈赠的香料猛用，周身香喷喷的，觉得很潇洒。像韩寿这样的香男子绝非少数。比如说指挥淝水之战的大将军谢玄，年轻的时候也特别喜欢香料，天天手里拿个香囊。后来还是他叔叔谢安有些看不惯，但又不想当面训斥他，怕伤了他的自尊心，就和他赌博，把香囊给赢了过来，然后一把火烧了。看来代沟问题在晋朝也已经出现，而谢安的处理办法确实也比现在一般长辈做得好，否则一通猛训，谢玄也许就此成了一个问题青年也说不定。这些长辈年轻的时候也未必没荒唐过。谢玄的从伯父谢尚，年轻的时候就特别喜欢穿花裤子，招摇过市，以为自己的样子酷毙了。谢尚就像谢玄一样，也是被叔伯们一顿纠正，才放弃了自己的嗜好。看来，自古以来，一代代的年轻人都是这么走过来的。

但是说实话，晋朝的审美发展得有点极端。比如偏好精致秀美的相貌并不算错，但偏好病态的柔弱，就有点过分了。当时的晋朝人往往觉得男子如果能慵软无力，就能平添三分优美。

卫玠就是这样一个柔弱的美男子，在他身上集中了晋代美男偶像的一切重要特征：美貌、白皙、俊雅的谈吐，以及淡淡的冷漠与哀伤。卫玠又在最灿烂的年华里死去，这使他在人们心目中似乎逃脱了岁月的网罗，永远是那个清秀俊美的青年。死得凑趣实在也是一个资本，倘若卫玠两鬓斑白、偻腰弓背之时才溘然辞世，他的形象也就会打个很大的折扣。

卫玠被晋朝人视为偶像的极致。直到多年以后，人们称赞人秀美的时候还以他为标准。卫玠之后很多年，出过另外一个美男杜乂，此人也是“面如凝脂，眼如点漆”，是神仙中人，飘逸洒脱那是不消说了。但是评价者说：“呸，他怎么配和卫玠相比?！根本不是一个档次的！”

卫玠出身于名门世家。祖父卫瓘乃是西晋权臣，还因为曾斩杀邓艾，在《三国演义》里亮过相。卫玠还是个小孩子的时候，就已经出落得秀美动人。这个小少爷坐着敞篷车到洛阳市区闲逛的时候，看见他的人都感叹这孩子真是“玉人”，都招呼亲朋好友来夹道观摩，据《晋史》说：“观之者倾都。”成人以后，更是饱受夸奖，有人说他像玉一样圆润，又有人说跟他走在一起，仿佛身边有一颗明珠，把自己映衬得像个猪头。

光是俊美，还不足以构成一个偶像巨星。现在美男要想成为大众偶像，总要会唱两嗓子才好。晋朝人不像现代人那样喜欢听流行歌曲，他们更喜欢凑一起聊天。所以晋朝的偶像一定要会夸夸其谈。卫玠就很会谈天，能说得非常动听，而且似乎有和别人畅谈人生哲理的瘾。但他身体非常虚弱，是古代病才子的典型，说话说多了都能病倒。他母亲为他的身体担忧，不许他和人随便聊天。碰到特别隆重的日子，大家凑在一起，恭请他破例发言，他俯顺众情，当当一通说，听众无不欢喜赞叹。名士琅邪王澄，也是个谈玄说道的高手，他听到卫玠一通侃侃而谈，就当场“叹息绝倒”。

但卫玠命运却也充满坎坷，小小年纪就感受过生死变幻。由于祖父卫瓘卷入宫廷纠纷，被楚王带军杀入府中，男子被尽数诛戮。卫玠和他的一个哥哥当时凑巧住在医生家，才幸免于难。两天后楚王被杀，卫瓘一家又被平反。但这已经挽回不了卫玠父兄的生命。卫玠喜怒不形于色，也许就源于一夜之间与亲人阴阳永隔的经历，那是一种落落寡合的孤傲。

后来西晋沦亡，中原大地成了尸山血海，卫玠和母亲避难南下，经过一番辗转，来到了建康城。这一下建康城可轰动了。这还了得？卫玠来了！就是那个帅得没法说，说起话来勾人魂的卫玠啊！建康城的粉丝集体出动，把卫玠围了个水泄不通。卫玠就在那里不断地给大家挥挥手，讲两句。场景酷似现在偶像举办的演唱会。大家都知道，一场演唱会下来，歌星的体力消耗很大，所以在举办演唱会之前，歌星往往要提前好几个礼拜做体能训练，怕到时候吃不消。卫玠平日就病恹恹的，连谈天都得拘着，不敢敞开了谈，又如何架得住这众多粉丝的围堵追捧？当即一病不起，撒手人寰。当时人都说卫玠是被活活看死的，芳龄只有 28 岁。

晋朝人的审美观在我们看来可能有些太过文弱萎靡，但是这种审美的中性化并非一无可取。如果我们不断强调男子的强壮有力，女子的温柔娇美，本身就是对男女的一种僵化的社会定位，不但对人的自由天性是一种束缚，而且容易将女性置于一种从属的地位。

《第二性》里有一句名言：女性是被创造出来的。传统男女形象的定位创造出了被置于从属地位的女性。从这一点看，对晋朝人的审美倾向，不能轻易否定。但是晋朝的审美情调也许犯了一个严重错误，就是将审美的中性化向极端推进，由中性化变成女性化，又进一步变成了病态化。一个带有几分感性的男人也许是动人的，一个刚强果断的女人也许是动人的，但是不管是男人还是女人，弱不胜衣都是病态的。

如此的审美趋向很容易让我们联想起一种性取向：同性恋。晋朝确实是一个同性恋盛行的时代。

三、 还有不少同性恋

公元370年，苻坚的前秦一举摧毁了慕容家族的前燕帝国，前燕的疆土和财富尽数落入苻坚的掌握之中。庞大的战利品中，有一对皇族姐弟：14岁的清河公主和12岁的慕容冲。慕容家族是鲜卑人，皮肤非常白皙，被敌人称为“白奴”。鲜卑女人在当时是非常抢手的美人，贵族家里多半都有鲜卑族的姬妾。鲜卑族的男子的相貌也自不差。金庸在《天龙八部》里把慕容复写成一个非常俊美的男子，这是很有历史依据的。

清河公主和慕容冲姐弟长得非常秀美，苻坚自己长得相当丑陋，上身长下身短，还有一个硕大的脑袋，但他很会欣赏美丽。这一男一女，他照单全收，全弄到自己的床上。从这里看，苻坚是个典型的双性恋。放到现在，这就是性侵未成年人，属于重罪，但作为前秦皇帝，霸占两个孩子算得了什么呢？他从俘虏里吸收自己的性伴侣，也不是头一次了。比方他对前燕的将军慕容垂非常照顾，大加重用，但这一点也不妨碍他把慕容垂的夫人叫到后宫“宠幸”，慕容垂对此并没有什么怨言，没有在家门口挂匾庆祝，只能说明慕容垂比较谦虚。

苻坚对这小姐弟非常宠爱，当时长安城中有歌谣“一雌复一雄，双飞入紫宫”。但是这一雌一雄是否愿意充当苻坚的性童呢？

慕容冲小名叫凤凰，想来这个小名也和他的秀丽有关。但无论慕容冲如何俊美，他都并非同性恋者。史书上没有记载他主动追求过任何男人。慕容冲出身皇族，养尊处优，如今一下子变成了苻坚的娈童，不得已地和苻坚发生性关系，其愤懑之情可想而知。更让人屈辱的是，他要和姐姐同时被一个男人占有。从其后的事态判断，对这个丑陋的男子，慕容冲没有任何爱情，有的只是仇恨。

报复的机会终于到来。13 年之后，苻坚兵败淝水。各族人借此机会纷纷反叛前秦帝国。慕容冲此时 25 岁，正是风华正茂的年龄。他身为前燕皇族，很容易地纠集了一支强大的军队，进攻苻坚。慕容冲的军队包围了长安城。如今这个白皙秀丽的青年要为那段屈辱的生涯算个总账了。苻坚在城上大骂慕容冲：“你们这些奴才只配放牛牧羊，怎么敢来送死？”慕容冲回答说：“我受够了做奴才的痛苦，如今再也不愿做了。我要取代你。”苻坚派人送给他一袭锦袍，也许是他们以前共同用过的，希望慕容冲能记住那段“恋情”。慕容冲的回答是：“你投降，我可以不杀你。”这些对答是对那段经历的总结。苻坚自以为是地以为他们之间的是一场恋情，而慕容冲记得的只是痛苦。

苻坚大败，最后弃城逃亡。慕容冲攻入长安城后，命手下大肆杀掠，血洗长安。他郁积了十几年的仇恨之火终于有了机会爆发，但是他的光辉岁月只维持了很短的一个时期。他在阿房登上帝位，但不久就死于军事政变。多年的屈辱，一朝的爆发，然后就是永久的毁灭。慕容冲就是这样一个悲剧性人物。

慕容冲被卷入了他本不该卷入的同性爱之中，但像他这样的娈童在当时绝非少数。晋朝是个男风炽盛的时代。

考察晋朝的同性恋问题的时候，我们应该了解一下关于同性恋的基本理论。

同性恋在总人口中的比例，有各种不同的说法。美国近年来的一个数据是10%左右的男性是同性恋或者双性恋。一般说的数字没那么高，比较接近中值的是4%，女性稍微低一些。这个数字也很可观了，这意味着差不多每20个男的里面就有1个。

这些同性恋是怎么产生的呢？有人说是先天的，有人说是后天的。先天理论里提出了好多证据，最有说服力的一个证据是有人发现，同性恋者脑子里有个地方跟大家不大一样。人脑子里有个地方，叫下丘脑，是个主导性机能的部位。下丘脑前部有4个神经核，其中有一个叫INAH3，它和人的性取向很有关系。一般来说，男人的INAH3要比女的大上一两倍。但是同性恋男人的INAH3比一般男人的小，尺寸和普通女人差不多。而女同性恋的INAH3则偏大，尺寸和正常男人差不多。研究者认为这说明是不是同性恋，自己做不得主，要由脑子里INAH3的尺寸当家。但是也有人反对，说尺寸的确是变了，但到底是因为变了所以同性恋呢，还是因为同性恋所以变了呢？在科学里，要证明两个事件的因果关系比证明它们有关难多了，所以这个事情也没有定论。

还曾经有人认为同性恋是因为激素分泌紊乱，打打激素就正常了。可是试验结果显示这种说法完全是胡说八道。他们往男同性恋者身上注射睾丸激素，但并没有把这些人变成异性恋者，只是使他们性欲更加旺盛而已。所以，即便五石散里有大量雄性激素，也不会使当时的同性恋数目减少，只会使他们更加活跃。

后天说多主张同性恋跟人所处的社会环境、心理因素、后天性格等等有关。就是说一个人成为同性恋，是跟他后天境遇有关的，而不是先天注定的。这个说法有很多流派，但所有的流派都坚决认为：一个人之所以是同性恋，并不是因为他（她）脑子里有个东西跟别人尺寸不一样。

同性恋者有许多种类型。

其中有偶然性同性恋，就是有过同性恋经历，但却没有成为其性生活的一个永久成分。这种人的比例相当高。

还有境遇性同性恋，比如在某些特定环境里，因为没有异性，所以才用同性来填补。或者在一个推崇同性恋的环境里，也有人为追逐时尚来搞一搞。就像《六人行》里菲比的丈夫，为了在溜冰队里混得下去（这是美国人政治不正确的老梗，认为溜冰队里同性恋多），也假装是同性恋，后来实在受不了，向菲比坦白自己本质并不是同性恋，把菲比气了个半死。

再有就是人格化同性恋。对这种人来说，同性恋已经成了他牢不可破的生活方式。如果一个社会不能容纳他，他就会成为秘密的同性恋者。这些人，是同性恋社会的骨干分子。

古典时代的西方，和当时的中国一样，大规模流行同性恋。比方说，在古希腊时代的斯巴达，同性恋被认为是很高雅的事情，比庸俗的异性恋更受人尊敬。但是基督教进入西方社会以后，同性恋成为一种严重的罪行。《圣经》上恶狠狠地宣称："男人若与男人苟合，像与女人一样，他们二人行了可憎的事，总要把他们治死。"

在中国，并没把这种事情看得有多么严重。春秋以来，同性恋的记载就不绝于书。晋朝更是同性恋的一个黄金时代。尤其在当时的上流社会，大规模流行同性恋。这也能在一定程度上解释当时的审美观为什么会出现强烈的女性化。那些腮若桃红、肤如凝脂的帅哥很可能就是男风盛行的一个副产物。把卫玠活活"看杀"的粉丝群里，不知道有多少以他为性偶像的男人。

按照《宋书》的说法，晋朝时候，男色大盛，漂亮男子比美女更受男人欢迎。士大夫无不追逐这个风尚，男色风靡天下。因此不少女人闹离婚，或者在家里守活寡。即便西方在同性恋最鼎盛的时期，也很难弄成这么大一摊子。到了南北朝时期，还有一个官员骄傲地宣称自己德行比一般人高尚，证据是自己从没有跟男人上过床。通过这些记载，我们不难推断，当时同性恋者众多。

这些士大夫里，同性恋者的比例应该大大超过了4%这个正常数字，你要说这些人脑子里的INAH3比正常人都大了一号，我想总有些勉强，对此的唯一解释就是这些人大多是境遇性双性恋，他们在追逐男色的同时并不排斥女色。

有不少同性恋本身需要一个被唤起的过程，他可能有这种潜在的性取向而不自知。他的同性恋取向一旦被刺激出来，就有可能成为一个持久的境遇性或人格化的同性恋者。

现代学者对同性恋问题做了相当详尽的研究，得出了一些让人吃惊的结论，这些结论也许有助于我们理解《宋书》的说法。大名鼎鼎的金赛博士在他的《男性性行为》和《女性性行为》中介绍了他做的一些试验。金赛给受访者出示了一个性取向谱，这个谱从绝对同性恋到绝对异性恋连续变化。他要求受访者按照这个谱做自我评估。当然，他们的自我评估未必可靠，金赛还要结合他们的实际性行为给他们定性。很明显，金赛是太热心挖掘他们的同性恋倾向了，以致得出的结果有点匪夷所思。他认为，只有很少的人（5%~10%）是绝对的同性恋或异性恋，剩下的大部分人都在这两者间摇摆。后来的研究者发现：金赛故意耸人听闻，说得太离谱了。但是，他那关于连续性谱的概念却被广泛接受。确实有很多人是摇摆于同性恋与异性恋之间的。

社会潮流和外界引导都会使同性恋人群扩大。晋朝同性恋的流行，似乎可以由此得到解释。比如明朝的《万历野获编》里记载过这么一个新同性恋者诞生的故事：当时有个叫周用斋的士人，年轻的时候相当纯厚，“幼无二色”，从不拈花惹草。此人文章写得甚是了得，当时也算是才子。这个才子曾到湖州一个姓董、别号龙山的人家里教书。教了一阵子，忽然不想干了，编了些理由，非要回家。主人知道他说的理由都站不住脚，真正的理由是他一人独处，甚是寂寞，熬不住。但主人又不敢勉强留他，就跟他暗示说找个娈童就能解决大问题。周用斋听后，勃然变色，说同性恋是禽兽所为！主人被他的正义形象所震撼，一时哑口无言。但这个叫龙山的人很狡猾，他晚上安排了一个娈童摸到了周用斋的卧室里。“乘醉纳其茎”，周用斋迷迷糊糊地惊醒，觉得这确实能解决大问题，不像自己想的那样糟糕，就顺坡下驴。新世界一下子向他洞开。他脑子里有信息爆炸之感，一时无所适从，在床上就地高呼：“龙山是圣人！龙山是圣人！龙山是……”连喊了十几声。后来他一发不可收拾，甚至表现出了极大的“博爱”精神，据说不论小伙，还是老头，一旦被他碰见，就“必求通体”。

这说明同性恋的情况确实比我们想象的要复杂。

可以肯定的是，晋朝的同性恋者中，大多数都是双性恋者。比方苻坚。苻坚究竟是一个境遇性的还是人格化的双性恋者，已经很难查考。但是像苻坚这样身为帝王的双性恋者，在全球史上确实不乏其人。比如说罗马的恺撒，就是一个男女通吃的性活动爱好者，一生勤于猎艳勇于播种。有人这么评价这位罗马人的领袖：“恺撒是一切男人的女人和一切女人的男人。”而西方的另一个著名的征服者亚历山大大帝，在拥有无数妻妾的同时，也有自己挚爱的男情人。

在那些没有被汉化的蛮族王朝里，帝王们也搞同性恋。可见同性恋确实跟文明程度关系不是很大。晋朝有一个最最出名的暴君石虎。羯族人在西晋的废墟上建立了后赵王朝，石虎是后赵的第二个皇帝。这个人倒不是那种挖空心思做坏事的皇帝，而只是一个野蛮到了不知道世界上还有慈悲怜悯的人。史书上津津有味地罗列了他干的诸多坏事，读后让人毛骨悚然。这个石虎有一个男性爱人，叫郑樱桃。后来唐朝的李颀还写了一首《郑樱桃歌》，里面说道：“石季龙，僭天禄，擅雄豪，美人姓郑名樱桃。樱桃美颜香且泽，娥娥侍寝专宫掖。后庭卷衣三万人，翠眉清镜不得亲。”这里李颀把郑樱桃错当成女的了。这个樱桃不光是石虎的性伴侣，还积极涉足石虎的家庭生活。石虎本来有个姓郭的太太，郑樱桃挑拨离间，搞得这位太太被石虎杀死。石虎后来又娶了一位姓崔的太太，出身望族，但最后也被郑樱桃告刁状给害死了。

苻坚、石虎这些搞同性恋的帝王基本都是双性恋者。东晋的一个皇帝海西公（他后来被桓温废掉，给了个海西公的头衔）却是个异数。据说他是一个坚定的单性恋者。他对女人不感兴趣到了阳痿的程度。但是他有男相好，还不止一个。海西公自己没有生育能力，就让这些男情人和后宫里的女人睡觉，睡出来的孩子算自己的。桓温废帝的时候，就以此为口实。但宫闱深密，这种说法说不定出于诬枉，也未可知。

同性恋之间可以产生持久强烈的爱情，这种爱情可以像异性之爱那样美好。晋朝的阮籍有一首《咏怀诗》，里面深情地赞颂了同性之间的爱情。

> 昔日繁华子，安陵与龙阳。夭夭桃李花，灼灼有辉光。悦怿若九春，磬折似秋霜。流盼发姿媚，言笑吐芬芳。携手等欢爱，宿昔同衾裳。愿为双飞鸟，比翼共翱翔。丹青著明誓，永世不相忘。

这确实是美好的感情。

这种同性之间的爱情是在两情相悦的基础上发生的。但晋朝的同性恋并非都是如此，成千上万的娈童未必都愿意和自己主人发生关系。他们不是同性恋者，他们只是性奴隶。比如说，王恺与石崇斗富的时候，也经常用娈童或者姬妾做赌注，据说赌注甚至高达娈童上百人。这时再说任何“同性爱”都是荒唐的。爱情不会产生在强迫与奴役之中，不管是在异性之间，还是在同性之间。

权力和暴力不仅玷污了男女欢爱，它同样也玷污了同性爱。慕容冲的形象在那段同性恋史上占据一个醒目的位置，他用自己的怒火宣告了一个事实：被权力污染的性爱，带给人们的只有屈辱与痛苦。

慕容冲的命运充满了传奇色彩，但他的故事并非独一无二。在那个纷乱的时代里，有许多悲壮奇特的人和事。那些充满悲剧色彩的人物，那些瞬间倾覆的帝国，使我们看到了一个神话般的世界。

第八章

那些死去的王者，那些废弃的帝国

——最后的英雄史诗

一、 童话王子的末日

公元383年，甘肃张掖城处斩了一批鲜卑贵族。

鲜卑族的慕容家族曾建立过一个庞大的帝国，统治着北中国的广大地区。但是这个帝国最终被前秦摧毁，慕容家族成了氐人的俘虏，从中原迁徙到了关中。这些俘虏流布各地，其中慕容纳、慕容德兄弟的一支就居住在张掖城。

383年在中国古代史上是一个关键性的年头。这一年发生了淝水之战，前秦帝国的主力部队土崩瓦解。中国的政治格局被推倒重排。各处爆发了大规模叛乱，其中一支叛军即由慕容皇族的领袖慕容垂指挥。这支叛军将最终建立昙花一现的后燕帝国，短暂地统治中原地区。

慕容垂的叛乱带来了张掖慕容家族的末日。慕容德参加了苻坚组织的自杀式远征，不在张掖，幸免于难。其他的慕容家族子弟则被集体捕杀。这些鲜卑皇族没有料到自己会突然成为遥远地区叛乱的牺牲品。

但是有两个慕容家的女人幸运地逃脱了死亡。慕容德、慕容纳的母亲公孙夫人已经年迈，官府法外施恩，留其一命。慕容纳的妻子段夫人则有孕在身，官府一时未能决定是否将她立即处死，就把她和婆婆公孙夫人一起关押在大牢里。

一个奇迹般的幸运降临了。监狱的长官呼延平曾经是慕容德的手下。他曾经犯过死罪，慕容德宽恕了他。慕容家族如今鲜血涂地，呼延平追想当年慕容德对自己的救命之恩，终于做出了一个大胆的决定。他从监狱里救出公孙夫人和段夫人，带着她们一起逃往羌人居住的地区。

在那里，段夫人生下了慕容纳的遗腹子慕容超。

慕容超还未出生，他的亲人就几乎全部死于官府的屠杀。如今他的身边只有母亲和祖母。在羌人的地盘上，慕容超慢慢长大。他继承了慕容家族的血统，长得非常漂亮。这个悲惨的皇族孤儿在偏僻荒凉的西部度过了自己的少年岁月。他的少年生涯一定是平凡而艰苦的。在大家眼里，他只能是一个可怜的孤儿。但无论如何他总算在祖母、母亲和呼延平的翼护下逐渐长大。

他 10 岁的时候，祖母公孙夫人去世了。临死之前，公孙夫人给了慕容超一把金刀。这把刀是当年慕容超的叔叔慕容德出征之际留下来的。公孙夫人交代说："如果天下太平，你能够回到东方，就去找你的叔叔，把这把刀给他看。"

此后，慕容超又过了一段颠沛流离的生活。呼延平带着慕容母子来到凉州，又从凉州辗转来到了长安。此时前秦帝国早已灭亡，统治着关中地区的是羌人建立的后秦帝国。在长安，慕容超娶了自己恩人呼延平的女儿为妻。呼延夫人和他一起度过了患难岁月，但在慕容超后半段的生活里，呼延夫人却销声匿迹。她似乎像空气一样消失在慕容超的生活里。但到了最后一切都要清算的时候，呼延夫人却要和慕容超一起迎接死亡。多年的苦难生涯，短暂的寂寞荣华，然后就在青春焕发之际横死建康。迎接呼延夫人的就是这样的悲剧。她嫁给了一个青蛙王子，但她的命运比童话中的公主悲惨千倍。

就在慕容超辗转流离之际，他的叔叔慕容德已经在东方创立了一个王朝。

这还要从慕容垂的叛乱说起。

慕容垂的叛军建立了后燕帝国。慕容德追随慕容垂征伐四方，被封为范阳王。但是后燕帝国存在的时间非常短暂。在后燕帝国的北方，一个强大的军事政权在壮大成熟，那就是拓跋鲜卑的北魏帝国。北魏的军队比汉化的慕容鲜卑更加骁勇善战，它的存在给慕容王朝投下了一个巨大的阴影。

慕容垂在衰老之年决心一举击垮北魏，但后燕军队在参合陂遭到惨败。北魏的力量急剧膨胀。慕容垂死后不久，北魏军队大举入侵，不到几个月，慕容帝国的首都就已经沦陷。后燕的覆没已成定局。

慕容德此时正镇守后燕的军事重镇邺城（今河南安阳）。北魏军队对邺城发起了多次猛攻，慕容德长期苦战，也有过一些斩获，但面对强大的魏军，终究无力支撑。398 年的冬天，慕容德放弃邺城，率领 4 万户居民、2.7 万辆车，南渡黄河。在黄河边上，这支数量庞大的人群发现接应的船只遇到大风，已经尽数覆没。而北魏的军队一路追击，马上就要赶到。慕容德无力组织有效抵抗，濒临绝望。但到了夜里，黄河忽然结冰。这简直是上天的恩赐。慕容德马上组织大家从冰上过河。而等北魏追兵赶到的时候，河冰已经融化。浩荡的黄河把危险隔在了后面。这个奇迹帮助慕容德摆脱了困境，使他得以建立一个王朝。

慕容德一路辗转南下，一方面躲避北魏兵锋，一方面争取生存空间。后来他进军上东，攻取了广固（今山东青州市），才获得了一个稳定的根据地。公元 400 年，慕容德在广固称帝，建立了南燕王朝。南燕辖地包括名义上原属东晋的青、幽、齐地区，主要在当今山东一带。南燕的地盘虽然不够广阔，但还有相当的军事实力，自称有军队 40 万，战马 5 万多匹。40 万军队完全是不可置信的夸大之词，但是南燕确实拥有一支说得过去的军队，尤其是骑兵颇可引以为豪。

慕容德做了一个小王朝的皇帝，他的侄子慕容超，那个流离苦忍的英俊少年，其命运也因此发生了戏剧性的变化。

慕容德派人寻访过母亲、兄弟的下落，经过漫长的等待后，他得知了噩耗。慕容德悲痛地哭叫，吐出了鲜血。但他总算知道了慕容超的存在，就派人去西部接自己的侄子。

慕容超此时依然在长安。他知道自己的叔叔已经打下了一片天地。这个消息让他对未来充满了希望，但同时又使他非常担心自己沦为人质。他开始装成一个疯子，在长安城中乞讨。后秦的人因此都非常蔑视他。后秦的皇帝对他产生了好奇心，让人将他带到自己面前。慕容超故意表现得非常痴愚。后秦皇帝不由自主地对他非常鄙视，对人说："都说妍皮不裹痴骨，看来说得完全不对！"没有人注意这个疯疯癫癫的狂人，慕容超可以在长安城中自由活动。

他和叔叔派来的人接头以后，没有告诉母亲和妻子，自己带着金刀潜逃到了山东。这种不告而别当然很无耻。慕容超似乎已经将全部的希望寄托在了上面，所以不愿意冒任何额外风险。这也确实是他转折的一跳。西方的童话在东方上演：青蛙开始变成王子了。

他把金刀呈到叔叔面前，转述了祖母临终的话。慕容德看到金刀，想起自己被阖门屠戮的亲族，想起在困苦中死去的母亲，悲不自胜，抱着慕容超失声痛哭。慕容德没有儿子，如今慕容超是他最近的血亲了。这个活生生站在自己面前的俊美青年，简直是上天赐予他的财富。他当即封慕容超为北海王，不久又正式立为太子。

这简直是让人目眩的转变。一个在长安城中惶惶终日装疯卖傻的年轻人，一下子成为一个王朝的继承人。

没过多久，慕容德病死，整个南燕王朝就落入了慕容超的手中。慕容超登上了命运的顶峰。这一年，他只有 21 岁。这个年轻的帝王，在命运的顶峰上，停留了 5 年。

慕容超没有表现出值得称道的治国才能。幼时寄人篱下的艰难岁月没有教给他责任心和危机感，反而培养了他残忍狂傲的性格。他称帝以后，勇于诛杀，但对政事却缺少兴趣，只对游猎疯狂迷恋。而他自以为是的傲慢性格更种下了他毁灭的种子。

他对被留在长安的亲人颇为挂怀，派人面见后秦皇帝，馈以重礼，请求归还自己的母亲和妻子。经过复杂的交涉，慕容超向后秦皇帝称藩臣，迎回了母亲和妻子。但是后秦皇帝还设了一个附加条件，那就是要求得到南燕的宫廷乐团，如果南燕不能送乐队，就要用 1000 名东晋人来代替。

在古代中国，宫廷乐团的“太乐”是王朝正统的象征。合乎规格的太乐可以使帝王对自己的正统性产生一种虚荣的信心。南燕凑巧拥有一支高水平的太乐乐队。这支乐队技艺都是世代相传，相当高明。后秦的皇帝是一个深受儒家文化熏陶的人，对这种正统的象征物非常痴迷，因此才会提出如此古怪的要求。

虽然慕容超本人也是太乐的爱好者，但是为了赎回亲人，他最终将 120 人的宫廷乐团送给了后秦。他的母亲和妻子终于来到了广固，一家团圆。

但是一支乐队的损失，导致了最离奇最不可思议的后果，以致摧毁了一个王朝。

慕容超在新年的宴会上，听到新乐队演奏的音乐，觉得水平和昔日完全不能相比。回想到以前聆听的美妙音乐，慕容超非常郁闷，以致他竟做出了一个荒唐的决定。他下令进攻南方的东晋，掳掠晋人以充实自己的新乐队。这是因为他觉得晋人比本国人对太乐更在行。

此时的晋朝头号人物是刘裕。刘裕是整个晋朝最杰出的军事天才。晋朝刚走出连年的战乱，刘裕在战乱中奠定了自己军事领袖的地位。此时他掌握着一个强大的军事机器：北府军。而且他把北府军打磨得空前强大，北府军在当时可以说是全中国最强悍精锐的一支军事力量。慕容超觉得战乱已经使晋朝非常虚弱。可事实上，连年的战争使这支军队变得更加骁勇善战。慕容超的挑衅行为，已经使自己的头颅伸到了巨兽的口中。

但是慕容超并没有意识到这一点。他认为自己的铁骑正可用于边境掳掠战，以步兵为主的晋军机动性差，不足以对抗自己的闪电突袭。在战术上他的想法并没有错。他的骑兵两次侵入东晋边境，掳掠了几千人口，在东晋军队做出反应之前就全身而退。慕容超从这些俘虏中拣选了 2500 人，接受音乐训练，以充实自己的宫廷乐队。

这次掳掠成了战争的导火索。东晋的军事机器即将全力开动，来做血腥的报复。

这一幕，就像英雄史诗中的情节：一次轻率的贪婪导致了帝国的毁灭。慕容超就成了史诗中的悲剧主角。

刘裕渴望建立军功，以巩固自己在东晋的最高地位。这次事件成了最好的战争诱因。在另一方面，刘裕作为一个军事强人，如果默然忍受敌国的侵袭，他的威望必将受损。但是，刘裕反应之激烈，超过了一般人的想象。

他集中了手中的精锐部队，准备一举荡平南燕。公元 409 年四月，大军从建康出发，走水路通过淮河进入泗水。五月，刘裕军队抵达下邳（今江苏省睢宁县西北），刘裕留下船只和辎重，率步兵挺进琅邪（今山东临沂）。为了防止南燕截断补给通道，自下邳至琅邪一线，刘裕建立了一批临时要塞。

此时，在刘裕和慕容超之间，还有一座大岘山（即蒙山）。翻过大岘山，就是山东平原，再无天险可守。慕容超召开军事会议，商讨对敌战略。将领们提出要在大岘山的险要关口设重兵据守，把刘裕的军队阻挡在山东平原之外。慕容超却表现出极端的骄狂。他注定要像古希腊悲剧中的主人公一样，由于狂妄而招致命运的报复。他对自己的骑兵非常自信，因而决定放任刘裕越过大岘山，让自己的精骑在空旷的平原上把刘裕的步兵彻底摧毁。

军事将领们没有办法说动自己的君王，就又提出了后备方案。有人主张先派骑兵出大岘山，和刘裕交战，如果不胜，就退入关口，利用险要把晋军遏制在大岘山之外。又有人提出如果一定要和刘裕在平原决战，也要坚壁清野。马上就是收获的季节，应该把刘裕进军一线沿途的麦苗芟除。晋军无法就地得到给养，从远在后方的本土运输给养又谈何容易，自然会不战自溃。慕容超拒绝了这些建议。南燕的铁骑侵袭东晋边疆的时候，东晋确实无法自如对抗这些来去如风的骑兵，因而慕容超固执地认为：自己的骑兵一定能够摧毁

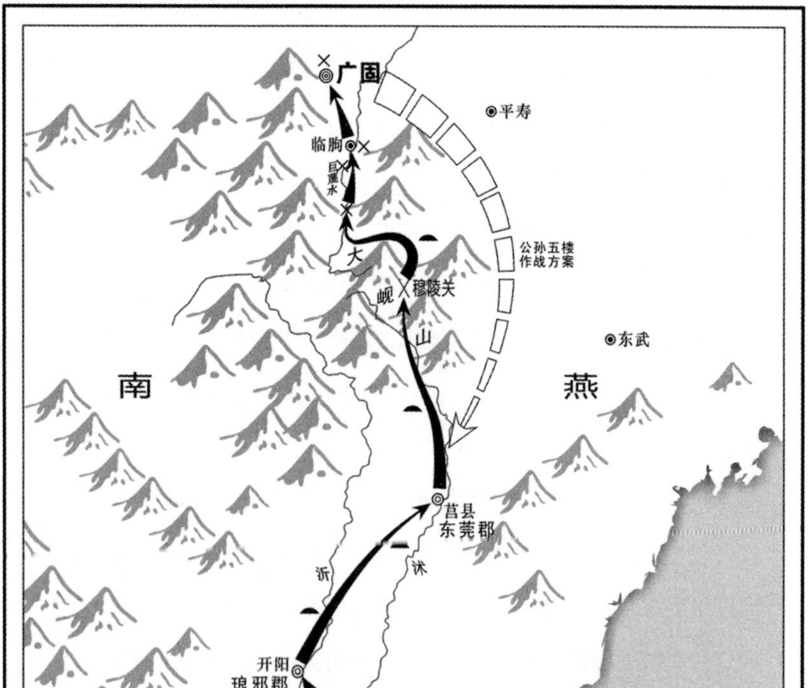
广固
平寿
临朐
巨蔑水
大
公孙五楼
作战方案
岘
穆陵关
山
东武
南
燕
莒县
东莞郡
沂
沭
开阳
琅邪郡
东
东
水
水
郯县
东海郡
晋
海
下邳
下邳郡
泗
刘裕
水

刘裕灭南燕之战示意图

敌军。

致命的一步已经迈出。

刘裕的军队没有遭到任何抵抗就顺利穿过大岘山。刘裕欣喜地举手指天，说：“士卒已经度过了险境，再无退路，现在人人有必死之心，而田野间布满麦苗，不用担心粮草的匮乏。慕容超已经落入了我的掌握之中。”

六月，大决战在临朐（今山东临朐）以南展开。

慕容超事先已派出5万军队据守临朐，此时又亲自率步骑4万前往会合。慕容超派遣将领占据川源，想切断晋军的水源，但在晋军前锋的拼死打击下，这个行动没有成功。硬对硬的决战开始了。

慕容超一直寄希望于自己的骑兵，但是他没有料到的是刘裕已经有了一套对付骑兵的方法。刘裕在两翼部署了4000辆军车，车上安置了持槊的武士，并排缓缓挺进。慕容超的骑兵面对此种阵形，并没有制胜之道。骑兵冲锋均被军车阻断，骑士们被军车上的晋军槊手成批杀死。少量能冲破军车防线的骑手，无法形成有力量的冲击，被军车后的士兵尽数砍杀。

骑兵的冲锋没能摧垮对方的防线，慕容超企盼出现的场景没有出现。战争变成了漫长艰苦的对战。双方反复苦战，一直到了中午也没有分出胜负。

此时刘裕做出了一个大胆的决定。在惨烈的厮杀关头，他派出一支后备队，绕过主战场，前往进攻临朐城。南燕的部队悉数投入临朐城南的战场，城里的守兵非常单薄。晋军发起猛烈突袭，一举占领了临朐城。

还在城南苦战的慕容军登时陷入了惊恐，他们不知道那只是一支小分队，以为自己陷入了两支晋军的夹击之中。慕容超没有表现出应有的勇气，他本应加倍拼死进攻，尽快结束这场战斗，但他却单骑逃跑。被皇帝抛弃的南燕部队顷刻解体，战斗变成了大屠杀。十几名南燕将领横尸沙场。慕容超的玉玺以及仪仗，也全部落入刘裕之手。决战已经结束，此后的战争将是艰苦的围城战。就在临朐城南的平原上，命运的判决已经写下：慕容超的帝王生涯即将结束。

慕容超一路狂奔，一直逃回国都广固。刘裕尾随而至，马上发起进攻，一举攻克广固的外城。慕容超只能率守军死守内城。他一心盼望用骑兵荡垮晋军，但现实却是如此残酷。

刘裕筑起了高达三丈的长围墙，把内城死死困住。而适逢收获季节，山东境内广有粮草，刘裕军队的补给没有任何问题，建康朝廷不再需要向山东前线运输任何给养。慕容超已经成了笼中之鸟，他向刘裕请求谈和，答应向东晋称臣，割让大岘山以南的领土，刘裕不是一个满足于部分胜利的人，他拒绝了。慕容超只有盼望奇迹的发生。

曾得到慕容超宫廷乐队的后秦朝廷，向刘裕递交了威胁信，声称要派十万铁骑，进据洛阳，如果刘裕不放弃对南燕的围攻，这十万铁骑将大举进攻东晋。但事实上，后秦正陷入对北方野蛮的夏王朝的战争，无力派遣大军入援。刘裕判定这只是虚言恫吓，就轻蔑地回答："我灭燕之后，会息兵三年。三年之后，我会收复关中。你们要想提前送死，那你们就来吧。"后秦报以沉默。奇迹终于没有发生。

但是慕容超还在苦苦等待援军。广固城中的守军日夜盼望后秦的军队能出现在地平线上，但他们等到的是前往长安求援的南燕官员。他出现在刘裕军中，坐在车上，沿着城墙默默地转了一圈。广固守军惊恐地看着这一幕。他们明白：不会再有援军了。

当时南燕的军队依然拼死抵抗晋军。广固内城非常坚固，守军又有大量弓箭、石头，而刘裕却缺乏攻城的手段。他可以在平原上一举打垮敌人，但是面对龟缩在坚实工事后面顽强抵抗的南燕军队，刘裕一时并没有克敌之道。战争变成了漫长的消耗战。几个月过去了，广固依然在慕容超手中，但是他的资源越来越匮乏，套在他脖子上的绳索也绞得越来越紧。

覆灭的命运缓步走来，脚步声已经清晰可闻。

公元410年元旦，慕容超和他的爱姬魏夫人登上了广固城的城门，在城上接受众臣朝拜。城外是密密麻麻的晋军。看着下面虎视眈眈的敌军，慕容超情不自持，握着魏夫人的手痛哭流涕。但是慕容超虽然丧失了希望，却没有丧失斗志。有大臣劝说他投降，他愤怒地拒绝了，把这个大臣关进了监狱。慕容超声称自己宁可接受死亡，也决不接受屈辱的投降。而事实上，即便他投降，刘裕也一定会处死他。刘裕不是苻坚，他需要杀人立威。

元旦过后，晋军的攻势陡然增强。南燕曾有一个叫作张纲的工程师，善于制造攻城器具，南燕却愚蠢地让他落入了刘裕之手。这些日子里，张纲一直替刘裕加紧制造器械，如今基本告竣。刘裕开始加紧攻城，许多冲车出现在广固城下。这些冲车上面设有小屋子，外面蒙着皮革，设计非常精巧，能够抵御弓箭火石。此外，晋军还使用了飞楼、悬梯、木幔等器具，这些器具高出城墙之上，可以居高临下地进攻南燕守军。

张纲的母亲还在广固城内，慕容超在她身上发泄野兽般的怒火。

慕容超把这个老人悬挂在城墙上，活活地肢解了她。

但这样血腥的报复于事无补。几个月的围城已经把广固守军的力量渐渐榨干。城中大半的人都患有脚弱病。面对如此猛烈的进攻，南燕军队无力抵挡。刘裕四面进攻，南燕士卒死伤惨重。他们开始丧失斗志，不断有人从城中逃到晋军那里投降。城池的沦陷只是一个时间问题。

终于有一天，一个南燕官员打开了广固城的大门。晋军一拥而进。慕容超带着几十人骑马逃亡，被晋军俘获。南燕王朝宣告灭亡。

慕容超被捆绑着带到了刘裕面前。刘裕宣布他的诸多罪状，慕容超神色自若，一语不发。

刘裕为了攻陷广固，耗费了大量的时间，损失了大量的士卒。如今作为胜利者，他想惨烈地报复广固城的居民。刘裕打算下达屠城令，把城内的男人全部坑杀，女人则全部赏给将士做婢妾。像刘裕这样见过无数血腥场面的野蛮枭雄，不会把几万人的生死看作很严重的问题。但是这样的场面最终没有在广固上演。经过他手下的苦劝，刘裕放弃了屠城，但他依旧采取了狠毒的报复手段。广固城墙被摧毁，城内上万家被没为奴隶，又有3000人被集体屠杀。慕容家族不分男女老少，被尽数诛夷。史书上没有记载屠杀的场面，我们却可以想象到那是何等血腥。3000人哀号哭泣，被晋军像牛马一样杀戮。3000人的鲜血能把那块土地浸染多深？这样的屠杀在历史上反复出现过，那种场面并无多大差别，都是一样的惨绝人寰。

至于慕容超本人，被送到建康处斩。他没有流泪，没有哭泣，像块坚硬的石头一样承受了死亡。他犯下了一系列战略错误，如今终于付出了代价。

慕容超的母亲和妻子都无法幸免于难。她们在长安城苦苦等待慕容超来迎接，但在皇宫只度过了如此短暂的时光，就被推上了刑场。

在慕容超的叔叔慕容德统治期间，泰山出过一个叫王始的“妖贼”。他自称太平皇帝，称自己的老爸为太上皇，封两个兄弟一个叫征东将军，一个叫征西将军，纠集了一支小部队，起兵造反。但很快就被南燕军队镇压下去了。这位王始先生和他的妻子被押上刑场。别人问他其他亲人在哪儿。他回答：“太上皇蒙尘在外，征东、征西两位将军已经壮烈牺牲。只有朕一人在此。”被捆在一旁的妻子痛骂他：“事情到了这步田地，都是因为你那张嘴！现在还在胡说八道!”他大义凛然地对妻子说：“皇后！自古哪有不亡之国？朕崩就崩了，但帝号决不会改!”慕容德听说了这事以后，觉得非常好笑。但不久之后，同样的命运就降临到慕容超身上。如果慕容德能够预见到今天的惨境，他是否还笑得出来呢？在慕容超就死之前，他是否想起过关于王始的好笑故事呢？

慕容超的一生，如同一个神秘的悲剧。还没有出生，父亲就惨死刑场。靠着奇迹般的好运，他才能长大成人，熬过近20年寄人篱下、惶惶不安的痛苦生活，才能成为一个王子，然后是一位帝王。这像一个瑰丽的童话传说。但是，他生涯的后半段却不是按照童话的路子谱写。五年的帝王生涯之后，慕容超忽然置身于建康的闹市，在人群围观中身首异处。

命运捉弄他，又忽然眷顾了他，然后又离弃了他。

慕容超的灭亡确实像是命运的安排。广固城被攻下不久，刘裕就接到了一份诏书。一支南方的叛军趁刘裕北伐之际，从广州倾巢出动，进攻东晋。如今他们已经逼近建康。东晋朝廷陷入危机中，紧急征召刘裕驰援。刘裕马上率军开拔南下。

如果慕容超能够再坚守一个月，刘裕的军队就不得不撤退。但在当时，无论是慕容超，还是刘裕，都不知道这个变数。否则，慕容超的未来也许会被改写。

但是，谁又能看透命运的面纱呢？

二、 胜者无所得

苻坚兵败淝水之后，在前秦帝国的废墟上，许多王朝又建立了起来。其中，占据前秦腹地关中的，是羌人创建的后秦王朝。后秦的开国，是一段惨痛恶毒的历史。后秦第一位皇帝姚苌曾受惠于苻坚。当年姚苌在刑场马上要被处斩，苻坚把他救下。但姚苌回报给自己救命恩人的，是血腥的屠杀。

姚苌趁淝水之战后的动荡起兵反叛，俘获了苻坚，在一座佛寺中把他活活绞死。姚苌对苻坚没有任何感激，反而有强烈的仇恨，在苻坚死后依旧不肯放过他。两年后，姚苌又把苻坚的尸体从墓中掘出，鞭挞无数，然后把衣服剥光，和荆棘混在一起，埋在地下。这种恶毒实在让人惊诧。但在建国之初的战争中，姚苌屡次失利，他又疑神疑鬼地以为是苻坚的神灵在作祟，就在军中立苻坚的神像。在神像前面，他谄媚地解释说："这不是我的主意啊，是我的哥哥让我复仇，我没有办法啊！如今我为陛下立像，请陛下不要追究我的过错。"但是不久，他又变了想法，把神像的头砍了下来。

就是这样一个卑鄙无耻的人建立了后秦王朝。

但姚苌也为他的背叛付出了代价。他是一个非常迷信的人，无法摆脱苻坚的阴影。在晚年，他经常梦见苻坚带领鬼兵冲进来捉拿他。有一次，他梦到自己躲避鬼兵，在皇宫中奔跑，混乱中被一个卫士刺中了阴囊，流出了许多血。他恐惧地从梦中惊醒。不久，他的阴囊就发病肿大。医生在阴囊上针刺放血，阴囊上鲜血汩汩流出的景象和梦中无二。姚苌神志昏迷，对天祈祷："臣是姚苌，杀陛下的是我哥哥姚襄，不是我的罪啊！陛下不要错怪我啊！"姚苌在极度的惊恐和痛苦中死去。

在这样充满诡异和欺骗的悲剧中，后秦王朝开始了它的历史篇章。

姚苌的儿子，后秦第二任皇帝姚兴却是一个宽厚的君王。他没有父亲的乖戾残暴，但同时也没有父亲的果敢坚毅。这个笃信佛教的君主简朴勤勉，但却没有逐鹿天下的气概。慕容超被围之际，和刘裕互相恫吓的，就是这位姚兴。他 17 年的统治，是后秦王朝起起落落的复杂历史。王朝的疆土在他手上扩展，又慢慢在他手中缩小。最终，在后秦王朝昔日的地盘上，崛起了好几个国家。后秦开始感受到巨大的军事压力。尤其是匈奴人在后秦北方建立的大夏王朝，是一个异常凶狠好战的政权。大夏王朝的首领赫连勃勃，是一个野蛮军事领袖的代表，他的残暴足以让所有人震惊，而他手中的军事机器也足以让所有人恐惧。

后秦王朝屡次遭到大夏的洗劫，成千上万的人被屠杀、被劫掠，北部领土一片疮痍。此时的后秦王朝已经显示出了衰落的征兆。但是，后秦依旧控制着关中的富庶之地，还占有中原的大片领土。中国古代史上最伟大的两座城市洛阳和长安都在它的掌握之中。它依旧是中国西部的头号大国。衰落虽然到来，但覆亡似乎还很遥远。可是命运的黑色大幕，随着刘裕的传奇远征而骤然降临。

在这次远征开始的时候，后秦的皇帝是姚兴的儿子，29 岁的姚泓。姚泓性格温和，但缺少实际才干。他非常喜欢阅读书籍，在当时算是一个非常博学的人。他热衷于和人聊天辩论，还特别嗜好写诗。但这样一个文学青年，实在是无力对付当时复杂困窘的局面。此外，他身体虚弱多病。姚兴立他为太子之前，有过长期的犹豫，但由于他是嫡长子，最终仍旧成为后秦王朝的接班人。

姚泓登基伊始，就要处理各地的叛乱。他的几个兄弟想要和他争夺皇位，发动了一系列复杂的阴谋。而在边疆各地，也发生了多起叛乱。姚泓将兵权交托给了叔父姚绍。事实证明，姚绍确实很忠诚，而且具有相当的军事才能，成为姚泓所依仗的主心骨。经过激烈的动荡期后，边疆叛乱大体被平定，多名参与阴谋的皇族高级成员也被处死。

但是危机并没有彻底消除。后秦王朝任用皇族掌军的传统，虽然保证了姚氏家族的统治地位，但若遇上软弱无能的皇帝，此种制度却可以成为叛乱的渊薮。姚泓的两位兄弟掌握有强大的军队。一位叫姚懿，驻守在山西南部，其驻地位于北魏帝国和后秦之间的战略要冲。一位叫姚恢，镇守后秦北部门户安定城（今甘肃平凉西北）。安定地处后秦与大夏之间，是后秦抵挡大夏的头号重镇，辖有雄厚兵力。这两位皇亲都有觊觎皇位之心，在危急时刻，随时有策划军事叛乱的可能。事实证明，他们也确实没有放过这种机会。这两人的短视与卑鄙，加速了王朝的灭亡。

大夏的赫连勃勃也趁姚泓登基之际，大举入侵。安定城一度易手。在激烈的反击之后，大夏的入侵被击退。但后秦的损失也相当惨重，仅在一地，赫连勃勃就屠杀了5000名后秦的被俘士兵。另一次战斗中，又有1万多后秦士兵丧生。

姚泓继位不过半年，就经历了如此众多的危机。身处长安宫中的姚泓，想必也品尝到了忧愁与惶惑的滋味。但是，一次更加严峻的灾难正向他走来。这一次，将是致命的一击。

风暴的发起点依旧是建康。

此时距离刘裕灭亡南燕，已有7年之久。在这7年里，刘裕摧毁了岭南的卢循政权，平定了四川的叛乱，又讨平了东晋内部反对他的几股异己力量。此时的刘裕，和7年前相比，地位更加巩固。东晋的江山，事实上已落入刘裕之手。出身寒微的刘裕，没有别的资本，只有依靠军事威望来确立自己的统治。刘裕渴望建立更大的战功，在此之前，他还没有足够的勇气来建立一个属于自己的王朝。

他的目光落到了后秦身上。一个正被动乱和外敌折磨的王国，是多么好的打击对象。洛阳和长安的光复，又是多么巨大的诱惑。如果他刘裕能够占领这两座旧都，谁还能质疑未来刘家皇朝的正统地位呢?

416年八月，刘裕启动了北伐计划。这将是两晋历史上最壮丽的一次远征。

刘裕大军兵分四路，主力部队由麾下最优秀的两名大将王镇恶、檀道济统领，向许昌和洛阳推进，按计划攻占洛阳后将沿黄河西进关中。另一支军队由沈田子和傅弘之率领，由襄阳挺进武关（今陕西商州区西南，为关中的东南要冲），从侧翼进攻关中。此外还有两路水军，一路由汴水进入黄河，一路由泗水进入黄河，进攻方向

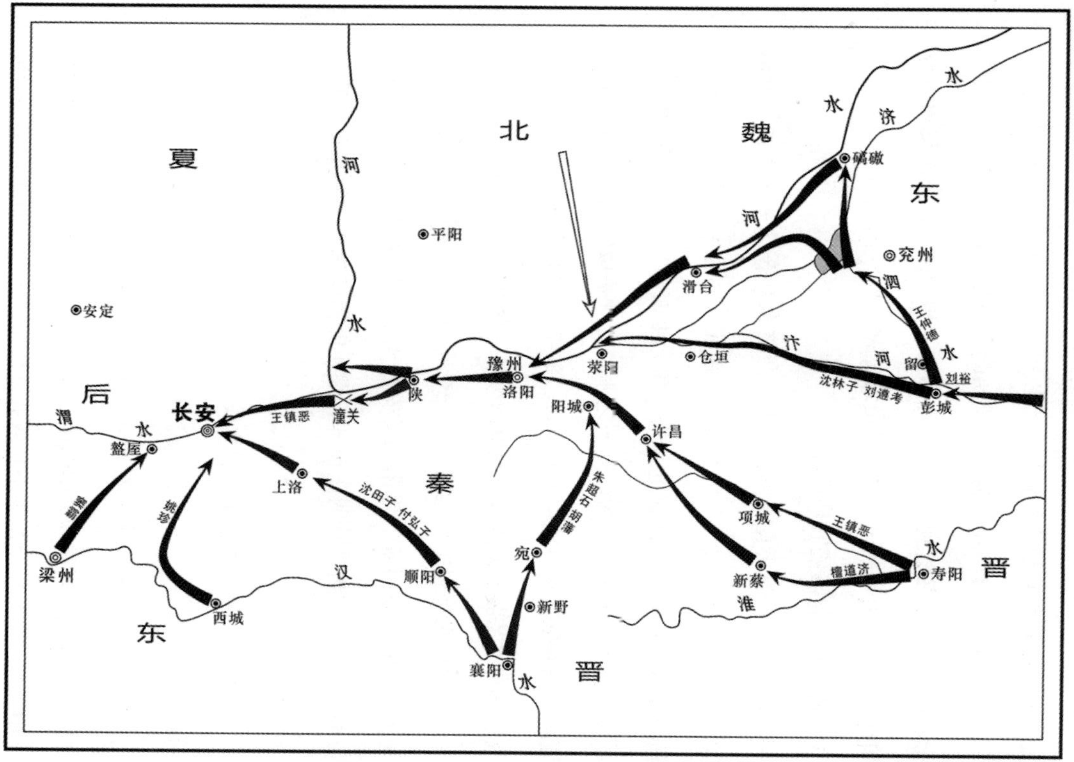
北
魏
夏
后
秦
东
晋
东
晋
平阳
安定
长安
盩厔
梁州
西城
上洛
顺阳
襄阳
新野
宛
阳城
许昌
项城
新蔡
寿阳
潼关
陕
豫州
洛阳
荥阳
仓垣
滑台
碻磝
兖州
彭城
留
刘裕
王仲德
沈林子 刘遵考
王镇恶
檀道济
朱超石 胡藩
沈田子 付弘子
姚珍
王镇恶
河
水
济
水
泗
汴
河
水
渭
水
汉
淮
水
水
水

刘裕灭后秦之战示意图

均是洛阳。刘裕率后备部队随后挺进。

除了后秦以外，刘裕还必须小心地对付另一个强大的敌人，那就是北魏帝国。北魏在灭掉鲜卑人的后燕帝国后，已经占据了黄河以北的土地，和东晋、后秦隔河相望。东晋的主力军沿黄河挺进，战线暴露在北魏军队面前。但无论从后勤角度考虑，还是从战略角度考虑，刘裕都没有办法不使用这条战线。北魏的军事力量非常强大，一旦决心南下，倾全力从侧翼进攻刘裕的战线，结果很可能是毁灭性的。但刘裕充满了赌徒的精神，他相信自己有能力遏制北魏的南下。

黄河南岸有一座战略要地滑台（今河南滑县东），是东晋水军必经之地，此时被北魏控制。一场争夺战似乎必然要在此地爆发。但是出乎所有人的意料，这场战斗并没有发生。北魏守将惊人地怯懦，他支箭未发，就主动弃守，率大军北渡黄河，逃之夭夭。晋军平白得到了这座重镇。晋将向北魏解释说：我们本打算送给你们布帛七万匹，做借路费，没想到你们这么克己，自己把城市给放弃了。北魏皇帝拓跋嗣非常愤怒，处死了那位胆小的守将，把他的尸体投入黄河。他派遣使者质问刘裕。刘裕谦逊地回答说，后秦对晋朝有诸多罪行，此次远征只是为了伸张正义，克复旧都，对北魏没有丝毫的不利之心。拓跋嗣没有采取报复措施，而是拥兵观望。东晋和北魏的关系依旧处于晦涩不明的状态。

对后秦的战争则颇为顺利。大军一路挺进，后秦的众多城镇落入晋军之手。十月，王镇恶、檀道济的主力军已经逼近洛阳。洛阳东面的各要冲相继沦陷。洛阳城已经裸露在晋军兵锋之下。

洛阳城西北角有三座南北相连的小城。这三座小城被称为金墉城。它南北约长1公里，东西约250米，是结结实实的军事堡垒。当时洛阳守将为姚洸，有部下劝他率军退守金墉城，等待救援。如果姚洸采纳这个建议，晋军很可能要面临一场艰苦的围城战。但是姚洸拒绝了。相反，他采用了一种惊人愚蠢的战术。他居然依仗手下薄弱的兵力主动出击。结果是可想而知的。出击的部队尽数覆没，晋军直抵洛阳城下。没有见到晋军的时候，姚洸充满了战斗精神，但此时看到城下黑压压的晋军，他勇气顿失。两天后，他开城投降。姚泓派遣的1.3万名援军还没来得及赶到，就被迫半道返回。

拿下洛阳后，晋军俘获了4000多名后秦官军。有人建议把这4000人尽数屠戮，把尸体堆在一起作为战胜的纪念物。这在当时是一个常见的景观。赫连勃勃就曾将数万颗人头堆在一起，称为“骷髅台”，以夸耀自己的战功。但是檀道济没有用鲜血玷污此次胜利。他把这4000人全部释放。这确实是一种高贵的行为，在两晋这个野蛮时代，就更显得高贵。

后秦丧失了洛阳之后，关外之地已经没有险要可守。在晋军和长安之间，只有一个重大的障碍，就是潼关。一旦潼关失守，晋军就可直趋长安。

晋军在洛阳做了一段时间的休整，没有马上发起下一轮进攻。后秦有了一段喘息之机。

但是另一个灾难降临了。山西南部的姚懿和安定的姚恢先后反叛。在帝国最危险的时候，两位封疆大吏却举兵内向。姚懿率先叛乱，自称后秦皇帝，但他的反叛没能争取到广泛的支持，姚绍带军向叛军发动进攻，俘获了姚懿。

在姚绍平叛之际，安定的姚恢趁机举兵，率领3.8万安定镇户南下直逼长安。临行前，姚恢将安定城付之一炬，以示破釜沉舟之意。当时后秦的精锐部队尽数东出，长安城兵力薄弱。这位叛乱者本应急速南下，直扑首都，控制中央政府。但是姚恢却把时间浪费在攻打周边城市上。长安附近的许多城镇相继陷落，长安朝廷陷入恐惧之中，要求姚绍火速救援。姚绍刚刚消灭了姚懿叛军，当下紧急回军。潼关守军也西进勤王。

姚恢错失了进攻长安的良机，此时被后秦大军包围，彻底失败。姚恢和他的三个弟弟均被杀死。皇帝姚泓对着尸体痛哭流涕。我们不知道他是悲伤自己四位兄弟的惨死，还是为了这荒唐的闹剧而哭泣。在危急存亡之秋，后秦的皇族却进行内争，战士们没有到疆场上抵御强敌，而是进行毫无意义的自我屠杀。姚泓有理由为这种自杀行径而流泪。有一个古希腊的神话：英雄卡德摩斯将一颗龙牙埋在地里，地上就长出了许多武士。这些武士彼此残杀，最后只剩下了五个人。后秦的姚氏家族就像这些龙牙武士。但和希腊神话不一样的是，姚氏家族在内战中的幸存者也都难逃一死。

内战甫定，晋军就发起了新的攻击。417 年三月，刘裕自己带领后续部队从彭城（今徐州）出发，进入黄河，沿河西上。王镇恶、檀道济则抢先带领步兵一路西进，集结于潼关城下。东征西讨的姚绍此时已率步骑 5 万镇守潼关。双方在潼关附近进行了激烈的拉锯战。后秦军队蒙受了相当损失，但是晋军的情形更为严重。晋军屯兵于潼关城下，一时无法打破僵局，粮食补给无法跟上，大军面临饥饿的威胁。

有人提议放弃辎重后撤，与刘裕的部队会合。一位将领按着剑，愤怒地喊道：“刘公正要一扫六合，现在许昌、洛阳都已光复，关中眼看就要平定。是胜是败，就掌握在我们这支军队的手中。大功垂成之际，怎么能够就这么放弃呢?!敌人就在眼前，大军还远在后方，就算你们要逃跑，又能活得成么?”这确实是激动人心的呼吁。王镇恶采纳了他的建议，没有后撤。他派人向刘裕请求粮草支援。

此时刘裕的水军正溯黄河缓缓西上。刘裕时时忧心忡忡地守望着北岸，在那里隐伏着一个巨大的威胁，那就是北魏的军团。北魏皇帝拓跋嗣对晋军的态度一直非常暧昧，他在黄河北岸部署了10万步骑，但一时决定不了是否发起进攻。数千北魏骑兵紧挨着黄河北岸和刘裕的水军齐头并进，时刻窥伺着晋军的动向。

两支军队都在对方视线之内，一个在陆上，一个在水中，沉默不安地并排西进。这是非常微妙的局面，也是充满传奇色彩的一幕。前方，是仍在顽强抵抗的后秦王朝。而打开船上的舷窗，就能看到岸上蓄势待发的北魏军队。

整个中国历史上，刘裕的这次进军也许是最具有史诗色彩的远征了。

北岸有一个随时可能开动起来的庞大军事机器，刘裕自然为此忧虑。王镇恶派来求援的使者在船上见到了刘裕。刘裕指着岸上的北魏军队给他看，说：“岸上有如此强大的敌军，我怎么能给你们派出援军!”王镇恶没有办法，只能依靠自己就地筹粮。经过艰苦努力，粮食问题居然也得到了解决。

北魏骑兵就像附骨之疽，一直追踪着刘裕水军。晋军的船只要漂到北岸，船上的兵士就被他们就地格杀。刘裕派遣军队上岸迎击，这些骑兵就纵马撤退，等晋军回到船中，他们就重新靠拢岸边。刘裕感到不能纵容这样试探性的骚扰，否则很可能会导致大规模的进攻。他决定和这些骑兵对决，让北魏知道晋军的强大。

刘裕派出了一支700人的军队，配备给他们100辆战车。这支部队登上北岸，每辆战车上配置7名士兵，在离河100步的地方摆开了“却月阵”。阵形呈半圆，两端紧挨黄河，凸出部指向北方。这样一个“却月阵”等于圈出了一个半圆形的阵地。部署完毕后，军队竖起了一根白旄。北魏军队不知道晋军用意，在一旁静观其变。

这时，2000名晋军携带100张大弩，忽然在阵后登陆。这2000人迅速靠拢战车。部署完毕后，每辆战车周围有27人和1张大弩。北魏军队开始发起了进攻。3万名北魏骑兵也赶来支援，从三面展开围攻。一排排北魏骑士被大弩射倒，但是他们前仆后继，攻势越来越猛，大弩已经无法抵御。此时晋军拿出了几百把大锤以及1000多根长矟。晋军把长矟折成两截，长度只剩下三四尺。他们用这种大矟来代替弓弩。兵士用大锤猛击柄端助力，大矟飞速射出。一矟就洞穿三四个北魏骑士。北魏军队被这种惨烈场面吓倒，四散奔溃。死者的尸体堆积在黄河岸边。晋军顺势出击，斩杀了数千魏军。

这是一次具有重大意义的胜利。北魏的军事力量并没有被严重削弱，但是北魏朝廷重新评价了晋军的战斗力。北魏暂时退缩了，在刘裕西进的路上没有发起新的进攻。

就在刘裕水军溯河而上之际，潼关的战斗也在激烈进行。后秦帝国的灾难接踵而至。姚绍派出一支精兵，试图切断晋军粮道，但是被晋军伏击，全部覆没。姚绍长期征战，独撑困局，本已心力交瘁，如今听到这个噩耗，再也无法承受，很快吐血而死。姚绍是后秦军队的灵魂人物，后秦一时再也找不出能支撑局面的大将。帝国的一个柱石坍塌了。

刘裕的军队已经逼近关中，而此时那支由沈田子指挥的偏军也已经从侧翼进入武关。这支军队人数很少，只有千余士兵，主要是起牵制作用。姚绍死后，姚泓不再信任手下将领的能力，他决定御驾亲征，和刘裕展开决战。在出征之前，他打算先解决沈田子这支小部队，来个开门红，以壮士气。他集结了一支数万人的军队进攻沈田子。沈田子的部队在青泥（今陕西蓝田）被姚泓军团团包围。沈田子趁后秦军立足未稳之际，主动出击。姚泓证明了自己是一个超级无能的指挥官。几万后秦部队在这千余人的猛烈进攻下，出人意料地崩溃了，1 万多人丧生沙场。这充分证明后秦部队的战斗力和士气已经低下到了不可思议的水平。

关中豪强很容易推断：帝国的大军，在 1000 多人面前都可耻地败逃，它又怎么能和刘裕的主力军作战呢？帝国的灭亡难道不是指日可待了么？他们很快选择了自己的立场，开始和晋军秘密接触。姚泓逐渐被人抛弃。敌人已经簇拥在帝国的大门口，而帝国内部却开始分崩离析。军队士气低落，自我怀疑。帝国越来越成了一个没有力量的空壳。如今只需要最后的一击就能彻底摧毁它。

最后的一击将由王镇恶发动。

在潼关作战的王镇恶，决定绕开前方的敌军，从黄河进入渭水，走水路直扑长安。刘裕批准了这项军事计划。

王镇恶让士兵都乘坐艨艟小舰。这种船只四周有架子，架子上铺着牛皮，桨手就躲在牛皮中划桨，以躲避外面的攻击。晋军的艨艟船队溯渭水西上，两岸的秦人从没见过此种船只，他们只看见船在水中走，却不见有人划船，都惊诧莫名，对晋军更加恐惧。

后秦没有任何值得一提的水军。王镇恶的船队畅通无阻，一直开到长安郊外的渭桥。在渭桥，晋军抛舟登陆。王镇恶下令抛弃所有船只，然后对士兵发表了战前演说，他没有谈光复故土之类的话，而是很简洁地告诉他们：这里是长安城的北门，离江南的家乡有万里之遥。船只已经没有了，退路也没有了。战胜了，大家能够获得酬答；失败了，大家尸骨无存。没有什么可选择的，作战吧！

这些晋军奋勇地冲向渭桥的敌军。后秦军队全线崩溃。姚泓听到消息，知道生死存亡的时刻到来了，马上亲自率领军队前往救援。但是溃退的秦军如同混乱的猛兽，四处冲撞。他们没有力量对抗后面的晋军，却有足够的力量冲垮前方的援军。姚泓的部队被彻底冲散，没有到达战场就已经不复存在。混乱中，姚泓一个人骑马返回皇宫。王镇恶的军队跟着秦军的人流冲进了长安城。整个战役像是一出闹剧。

417 年八月，长安沦陷。此时距离战争发起的时间，正好一年。

姚泓只有投降。他 11 岁的儿子对他说："晋人一定会大肆杀戮，投降了也不会有活路，不如自杀。"姚泓没有话来回答这么悲惨的建议。他的儿子就走上宫墙，从上面跳了下来。他死了，在晋人还没有来得及侮辱他之前。

而姚泓却要蒙受侮辱。姚泓和 100 多名后秦宗室向晋军投降，他的下场和慕容超一样，被万里迢迢押送到建康闹市斩首。建康城 7 年之内斩首了两个异国天子，还有谁能否认刘裕的神威？

其他的所有宗室则被就地处斩。因为刘裕从来不知道什么叫作宽恕。

当时的长安城有各族人口 6 万户，人数估计应在 30 万上下。它和汉唐时期的长安城自然无法比拟，但在当时已经算是一个骇人听闻的庞大城市，估计在整个中国，只有建康的人口比它多。这实在是一个巨大的战利品。

公元316年十一月，长安城沦陷于匈奴人之手。等到汉族政权再次占领长安的时候，100年已经过去了。100年来，晋朝始终困守江东。它曾面对北方异族的大举入侵，一度危如累卵。而在此时，它能从中国的东南冲到了中国的西北。苻坚南下的进攻失败了，而刘裕反方向的北伐却成功了。晋军收复了帝国的两座旧都，也收复了黄河以南的大部分疆土。

这是晋朝最光辉的时刻。

但也是它最后的岁月。

三、终结者

策动了两次北伐的刘裕，也是晋朝的终结者。南燕、后秦、东晋三个王朝，都在他手中灰飞烟灭。

在两晋历史上，刘裕是最富有传奇色彩的一个人。公元363年，他出生于东晋的一个低级士族家庭。小刘裕刚出生，母亲就撒手而去。刘家在东晋的社会等级中属于"寒微"，父亲只是一个没有权势的小吏，独自很难抚养一个小孩，就打算把他抛弃。幸亏他的一个从母听说了，把小刘裕救了下来。这位从母也刚刚生产，正处于哺乳期，就主动给刘裕喂奶。父亲后来又娶了一位太太，这位继母对刘裕也相当尽心地照料。在这样的环境下，刘裕总算长大成人。

长大了的刘裕非常强健骁勇，但对学习文化很不热心，文化水平只能勉强读写。他虽然算是士族，但属于那种破落士族，家境贫寒，居然和刘备一样，要靠卖鞋为生。这位刘小贩似乎对经营商业缺乏足够的兴趣，更喜欢游手好闲，呼朋引类。他还有一个很糟糕的不良嗜好，就是酷爱赌博。他赌起博来，完全不考虑自己的经济状况。有一次别人向他追讨赌债，他付不出，硬是让人捆在拴马的桩子上。这时正好看见了一个熟人，他扯着嗓子喊，求人帮忙。那个朋友替他付了钱，他才算摆脱困境。刘裕对赌博始终一往情深，赌徒的心态入于骨髓，好在他的运气也确实出奇的好。一个没有强烈赌徒精神的人又怎么会在北魏大军的眼皮子底下，做横绝中国的千里远征？

一个有这样性格的人自然不会以卖鞋打发一生。但是刘裕出身贫寒，文化水平又低下，唯一晋身之路就是从军。刘裕加入了北府军，很快成了里面的一个军官。他早年的军事生涯没有什么显赫事迹，只能满足于当一个默默无闻的北府军小将。但是机会终于到来。公元399年，孙恩策动了天师道叛乱，整个浙东被卷进了大动荡中。北府军大将刘牢之率部讨伐，刘裕作为一个“参府军事”随军出征。这次战争非常残酷血腥，刘裕找到了发挥自己才能的天地，很快成为北府军中的一个明星人物。

作战中，刘裕有过一次最传奇的经历。他带着几十个人去窥伺敌军形势，不料一下子碰上了几千名敌军。刘裕他们没有退路，只能拼命厮杀。他周围的人全部战死，刘裕自己也从岸上跌到了水里。谁知他这一跌，就像武侠小说里的英雄人物坠落悬崖一样，忽然武功倍增。刘裕大喊一声“赐予我力量吧！”，然后，力量就充满了他的小宇宙，他奋力挥刀，一连格杀了好几个敌兵，杀出了一条血路，冲向岸边。刘裕身上溅满鲜血，手里拿着刀一个劲猛砍，嘴里还大呼小叫，据说数千人被这个如癫似狂的壮汉吓倒，居然集体逃跑，刘裕一个人拿着大刀在后面猛追。这个场面想想委实匪夷所思，刘裕如果没有东方不败的神功，按理不至于能独立砍败几千人的队伍。《资治通鉴》选取史料时一向非常谨慎，但仍旧采用这段故事，所以到底可信与否，是否有严重夸大，大家可以自己决定。至于我，是不相信的。

刘裕一人驱赶几千人的梦幻场面被刘牢之的儿子看到了，当时他就被刘裕的高大形象深深震撼。刘裕就此一举成名，在北府军中开始独当一面。在平定孙恩叛乱的过程中，刘裕屡次击败叛军，在后期更是一路尾随孙恩军队，沿途追杀，成为孙恩军的灾星。等到孙恩战乱结束后，刘裕已经是北府军中一个威名赫赫的大将。

但是北府军本身很快陷入了危机之中。东晋后期，最重要的军事力量主要就是两大块：北府军和荆州军团。平定孙恩叛乱主要依靠的是北府军，但等战乱结束后，掌控荆州集团的桓玄很快发动了一场军事叛变。叛乱过程和当年的王敦叛乱如出一辙。荆州军队顺流直下，径扑建康。

相形之下，北府军的力量绝不弱于荆州军团。但是北府军的将领们多半都出身军门，在政治上没有足够高的地位和威望，也没有能够产生桓玄那样的领袖人物。当时北府军的最高将领是刘牢之，但是他既不肯俯首帖耳听从建康政府，也没有把北府军凝聚成一支独立的政治力量。他在建康朝廷和桓玄之间犹疑不决，按兵旁观。最终桓玄顺利攻陷建康城，年轻的独裁者司马元显被处死。桓玄控制了中央枢纽。

然后桓玄就开始对付北府军。桓玄步步紧逼刘牢之。刘牢之虽然是北府军的首领，但却没有胆略对抗占据政治强势的桓玄，也没有号召力来发动一次新的军事政变。他一步步地走进桓玄布置的陷阱，最终失去了兵权，被派到了远离北府军大本营京口的江南。刘牢之走投无路下，居然自缢身亡。北府军作为一个整体，也就随之瓦解。晋朝已经完全处于桓玄的荆州集团控制之下。攻下建康的第二年，也即公元403年，桓玄称帝，改国号为楚。

此时桓玄还颇为器重刘裕。他认为刘裕是一个杰出的将领，在日后的军事上很值得倚重，因此给予刘裕很多褒扬和奖赏。但是他完全低估了这个赌徒。刘裕此时正在筹划做出人生中最大的一场赌博：重建北府军，推翻桓玄。

京口的北府军虽然已经不复存在，但是传统上京口就是流民汇聚之所，兵甲所出之地。北府军旧部对荆州集团的不满又非常强烈，在这里短期募集一支军队并非难事。公元404年，41岁的刘裕投下了人生中最重大的一次赌注。他联合了27个军官，纠集部众，起兵讨伐桓玄。很短的时间内，一支强大的军队就已成型。

桓玄马上陷入了惶急之中。他派出一支军队前往进击，却被刘裕彻底摧毁。刘裕率领主力部队直扑建康。在建康附近，两军进行了决战。战斗非常惨烈，持续了很长时间，桓玄的军队终于开始支持不住。此时又刮起了大风，刘裕下令纵火，烟火铺天盖地，战斗的呼喊声震动了远处的建康城。桓玄的部队开始瓦解。桓玄别无选择，只有逃离京师，坐船南下。桓玄逃亡得非常艰辛，他周围的心腹劝他和刘裕战斗，他来不及回答，只能用马鞭指天，表示时穷力尽。逃亡路上有时整天都吃不上饭，只有几岁的儿子抱着桓玄的胸膛哭，桓玄悲不自胜，却又无可奈何。他短暂的帝王生涯结束了。

此后，桓玄又纠集部众，进行了一些战斗，但大势已去。不久，桓玄兵败，被敌军包围，身中数箭。那个曾抱着他哭泣的儿子在一旁为父亲拔箭。这确实是悲惨至极的一幕。然后，桓玄当着自己幼小儿子的面，被砍下了头颅。

从京口起兵到攻占建康，只用了短短 40 天的时间。这 40 天决定了刘裕未来的命运。此时的刘裕已经是晋朝的再造者，他被封为车骑将军、兖州刺史，都督中外诸军事，握有重兵，是帝国的头号人物。

此后刘裕的生涯，是一段充满了成功的历史。

反对桓玄军变的军官都被授予高官显爵。刘裕虽然是其中的最强者，但还没有绝对的优势。他决心建立更大的功业，压倒同侪，成为帝国的最高统治者。

410 年，刘裕灭亡了南燕，收复大片疆土。这样提兵灭敌国于千里之外的壮举，极大地提高了刘裕的威望。而紧接着，他又驰援建康，对付已经兵临城下的卢循叛军。卢循是孙恩余部，盘踞广东。此时趁刘裕北伐，孤注一掷，倾巢出动进击建康。东晋的将领被他渐次击败，威名和刘裕相当的大将刘毅率军阻击，居然也全军覆没，只身逃亡。卢循十余万大军已经抵达建康城外的新亭。建康朝廷极度惊恐，意图集体南逃，刘裕坚决反对，此事才作罢。建康的重臣孟昶感到绝望，服药自杀。

刘裕显示出了他过人的军事才华。他迅速组织了防御力量，和卢循展开了拉锯战。卢循拥有庞大的兵力，却没有办法摧毁刘裕的力量，斗志和兵力都渐次消耗，他的军队开始自我瓦解。卢循只得败退。建康城得救了。

刘裕沿途追击，击垮了卢循叛军。第二年，卢循穷途末路，自杀身亡。

刘裕第二次拯救了东晋朝廷。

他的威望已经无可比拟。现在他可以着手对付内部那些握有兵权的将领了。那位在卢循手下惨败的刘毅首当其冲，被刘裕诛杀，其兄弟子侄也无一幸免。其后，他又设计杀死了另一位与他对抗的将领诸葛长民。刘毅与诸葛长民当年和刘裕一同起事，以身家性命为赌注来换取荣华，最后却彼此相噬，死于刘裕之手。这是多么熟悉的一个故事啊。在历史上，这样的悲剧曾上演过无数次。

接着，刘裕又开始对外作战。他先是收复了四川，然后又北伐后秦。刘裕一生进行过无数次战斗，从没有遭到过大的挫败，环视天下，几乎无人能和他在战场上一较雌雄。等到姚泓身首异处的时候，刘裕已经建立了不世功业。但是刘裕依旧渴望着新的猎物，他希望成为一个王朝的开国者。

刘裕在军事上虽然百战百胜，但在政治上他却有先天的弱点。

刘裕出身寒微，在重视门第的东晋时代，这本身就是一个该死的罪过。而且他的文化水平很低，更加被士族人士看不起。但是他很幸运地发现了一个政治上的得力助手：刘穆之。刘穆之本人也出身于低级士族，对刘裕极为忠诚，同时他又有杰出的政治才能，机智过人。刘裕不在京师的时候，一直是刘穆之作为刘裕的代理人，处理朝廷政务。他“决断如流，事无拥滞”，为刘裕控制政局，使他没有后顾之忧。

刘裕面对士族官员在文化上、门第上都有很深的自卑感。他确实杀戮过不少士族，但那种根深蒂固的自卑感却困扰了刘裕一生，无论如何也无法彻底克服。也只有刘穆之，能够帮他减轻这种自卑感。刘裕执掌朝政之后，也羡慕那些士族大夫的文雅风流，不断努力谈一些斯文事情。但他实在文化底子太薄，加之举止粗俗，经常招致官员们的蔑视。刘裕确实曾让他们逃过了卢循的屠刀，但比起他的鄙俗和恶劣出身（一个卖鞋的），这点功劳又算得了什么呢？还是刘穆之不断地教给刘裕举止礼仪，帮他一点一点建立了自信心。比如，刘裕写字写得特别拙劣，刘穆之告诉他说：你既然写不好，干脆纵笔写大字，一个字一尺大也不要紧，这样气势夺人，可以掩盖笔法的笨拙，看者不敢轻视。刘裕就开始写大字，一张纸往往写六七个字就写满了。刘穆之在这样点点滴滴的小事上，也尽心帮助刘裕确立崇高地位。

刘裕对他充满了感激与信任。刘穆之死后，已经是皇帝的刘裕，还经常充满感情地回忆起他，说“人之云亡，邦国殄瘁”。没有了刘穆之，已经成为皇帝的刘裕，依旧感到孤立和自卑。他说：“刘穆之死了，我就常常被人看不起。”

而刘穆之的死亡，发生在一个非常关键的时刻。

刘裕攻占长安城以后，他的下一步战略计划必然是以关中为基地，经营西北，统一黄河以北的北中国。后秦处于强国环伺之中，尤其是北方的夏王朝，更是时刻觊觎着关中沃土。如果不能把这些国家一一铲除，刘裕的北伐成果就会付诸东流。而西北各国在刘裕入关后也都惊慌失措。比如盘踞西北的一个军阀河西王沮渠蒙逊，听到后秦被灭的消息后，愤怒异常，看见下面的一个汉族官员高高兴兴前来奏事，肚子里的邪火遏制不住，当即发作：“你听说刘裕入关，居然敢这么高兴?!”当即把这位不幸的官员处死。

但是，事情忽然发生了逆转。417 年十一月，刚刚拿下长安不到三个月的刘裕，忽然收到从建康传来刘穆之病死的消息。刘裕在建康朝廷形势孤立，可以寄托心膂的只有一个刘穆之。如今刘穆之忽然死亡，刘裕在建康朝廷的利益就没有人去维护。他手头固然有强大的军队，但是这些军人家乡都在东南，如果他在西北迁延不去，中央又发生不利于他的变化，刘裕就有可能面临另一场危机。望着西北山川，刘裕渐渐丧失了那种开疆拓土的雄心。

十二月，刘裕离开长安，返回东方。他留下自己 12 岁的儿子刘义真镇守长安，王镇恶、沈田子等人在旁辅佐。刘裕是军事天才，但在知人任事上却始终欠缺。他身边缺少真正可信赖的人，居然要让 12 岁的孩子来统治一个刚被征服的辽阔帝国。四周是虎视眈眈的外族铁骑，长安宫中是一个懵懂无知的孩童，最终的结局不难逆料。这片土地很快要从刘裕的手中滑走。

而在长安宫中，又有猜忌和仇恨在燃烧。王镇恶、沈田子相继死于内讧。关中最有才能的两位将领之死，使晋军的力量大受挫折。赫连王朝倾注全力，反复进攻晋军。而晋军已不再是昔日那支毁关破敌的劲旅。最精锐的部队已经东归，最卓越的将领已经被杀。晋军苦苦支撑了将近一年，终于被击垮。刘义真率残部东归，部队临行之前，没有兴趣再标榜自己是仁义之师，当下大掠关中。刘义真的军队带着劫掠而来的大量珠宝和妇女，缓缓而行，一日走不过 10 里。3 万夏军尾随而至，在青泥把这些军队彻底摧毁，晋军将领几乎尽数被俘。就在一年多前，1000 多晋军在这里击败了数万后秦部队。而此时，这里成了晋军在关中最后的覆没之地。

刘义真狼狈无地，躲藏在草中。一个忠诚的下属拯救了这个 13

岁的孩子。他把刘义真绑在自己的背上，单马亡命。长安城只在汉人手中停留了一年，就再次被匈奴人占领。一年前血战换得的关中沃土，全部沦陷。数万晋军再也无缘返回故土，他们的头颅被匈奴人堆积起来庆贺自己的胜利。刘裕壮丽的远征，换来的只有一年的荣耀。

远在东南的刘裕听到长安沦陷的消息，登上城楼眺望北方，痛哭失声。

此为公元 418 年。两年后，刘裕废黜了晋朝最后一个皇帝，建立了宋朝。

晋朝就此消逝在岁月的长河中。